KB054438

그냥 나답게 살고 싶어서

늦었지만,
인생 고민 좀
하겠습니다

그냥 나답게 살고 싶어서

늦었지만,
인생 고민 좀
하겠습니다

초판 1쇄 인쇄 2020년 4월 13일
초판 1쇄 발행 2020년 4월 20일

지은이   박지혜
편집인   서진
펴낸곳   이지퍼블리싱

편집 진행   하진수

마케팅 총괄   구본건
마케팅   김정현
영업   이동진

디자인   스노우디자인 snow1402@naver.com

주소   경기도 파주시 광인사길 209 202호
대표번호   031-946-0423
팩스   070-7589-0721
전자우편   edit@izipub.co.kr
출판신고   2018년 4월 23일 제 2018-000094 호

ISBN   979-11-968267-7-2 03190

그냥 나답게 살고 싶어서

늦었지만,
인생 고민 좀
하겠습니다

박지혜 지음

IZI PUBLISHING

인생 플랜 B를 생각해야 할 때

어둠에는 두 가지 종류가 있다. 밤이 깊어가는 어둠과 새벽이 밝아오는 어둠. 같은 어둠이라도 나는 밝아오는 새벽 어둠을 선호해서 이 시간에 운전, 운동, 공부 같은 개인활동을 즐긴다.

내 인생의 고민 역시 이 시간에 시작해 이 시간에 마무리 지을 수 있었다. 새벽 시간, 그 시간의 고민이 만들어낸 나의 생각들을 이 책에 담아 결국 독자와도 소통할 수 있었다.

이 책은 내가 품은 고민으로부터 시작했다. 언젠가부터 나를 조여온 직장생활은 내가 다른 꿈을 찾게 만든 발단이 되었다. 마지막이라고 생각했던 곳에서 나는 왜 다른 길을 찾게 되었을까. 이렇게 되기까지는 분명 이유가 있기 마련이다. 어렵게 취업한 회사에서 느꼈던 첫 순간은 물론 한두 해가 지나고 그 회사의 일원으로서 느꼈던 수많은 감정들처럼 자연스레 찾아온 고민을 마주하며 어떻게든 그곳에서 이겨내고자 안간힘을 썼다.

언제부터였는지 정확히는 기억나지 않지만, 그 힘듦을 흘려버리지 않고 꼼꼼하게 적어두었던 덕분에 나의 내면세계를 파악해 볼 수 있었다. 그뿐만 아니라 그 과정에서 내가 나아가야 할 길도 발견할 수 있었다.

고민한다는 건 살아있다는 증명이 될 수 있다. 그런 행위는 인간만이 지닌 고유한 권한이기 때문이다. 그래서 나는 고민거리를 적어놓은 여러 기록물을 통해 내 인생에 조금씩 변화를 주고자 했다. 한 곳에 적을 두고 있기에 광범위한 일탈은 불가능했지만 소소하게 이것저것 시도해 볼 수는 있었다. 고민만큼이나 앞으로의 계획도 수시로 메모했던 기억이 난다.

딴짓한다는 행동은 지금 해야 할 일에 집중하지 못한다는 부정적인 의미로 다가온다. 그러나 나에게 딴짓이란, 내가 살아있는지를 확인하는 시간이었다. 고민으로 그치는 것이 아니라 어떻게든 나답게 살아보려고 노력하는 일련의 과정 말이다.

나를 더욱 온전히 파악하기 위해서는 때로 제3자로 나를 바라보는 시선이 필요했다. 나는 나를 잘 알고 있다고 자신했지만, 때론 나를 알지 못하는 부분도 많다는 것을 깨달았다. 나는 과연 무엇을 하고 싶은지, 어떻게 살고 싶은지의 물음에는 늘 자신이 없었다. '나'라는 사람은 내가 생각하고 행동하는 대로 결정되는 것임에도 어느 일부분에만 치우쳐져 움츠리고 있었다.

그러다 문득 새벽을 통해 나를 솔직하게 바라봄으로써 나의 진실한 모습을 찾을 수 있었다. 마치 나를 정면으로 꿰뚫어 보는 듯한 느낌을 받았다. 내가 이런 사람이었는지, 어떤 것을 원하고 있는지 한 치의 오차도 없이 완벽하게 파악하는 일은 사실상 불가능했다. 하지만 결국 그 순간은 내가 얻고자 하는 바를 충분하게 받은 소중한 시간임에 틀림없다.

내 인생의 가장 큰 결정 중 하나는 퇴사가 아닐까 싶다. 회사가 내 인생의 전부가 아니라는 걸 깨닫게 된 때는 언제였을까. 놓지 못하고 잡고 있어서 슬펐지만, 내려놓기는 또 얼마나 어려웠는지를 퇴사의 순간에 놓인 사람이라면 충분히 공감할 만하다.

지금 생각해 보면, 그저 내려놓으면 될 것을 그러지 못해 오랫동안 힘들어했다. 퇴사라는 과감한 행동은 멋모르고 무책임한 행동이 아닌, 제대로 가기 위해 다른 방안을 찾아 떠나려는 모험이었다. 하나의 길이 닫히고 계속 그것만 바라보면 열려있는 다른 길을 보지 못한다는 말이 있듯, 초점을 퇴사에 맞추지 말고 앞으로의 발전 가능성에 맞추기 위해 노력했다. 나는 그 '가능성'을 독자들에게도 꼭 전하고 싶었다.

과감한 행동을 위해 미리 준비하고 실행해야 하는 내적인 책임을 그 누가 속 시원하게 알겠는가. 그러나 그런 것에 연연하지 말고 본인이 결정한 대로 밀고 나가야 한다.

나에게 새로운 길이 열리고 그 길을 걸어갈 준비를 하고 있는 지금, 참 행복하다. 분명 힘든 시간을 지나왔기에 더욱 값지게 느낄 수 있는 결과물이다. 하지만 지금 이 길이 나의 종착역이냐고 묻는다면 '과정'이라 말하고 싶다. 이미 정한 길에서 크게 벗어나지는 않겠지만, 지금 이 시점을 기준으로 앞으로 내가 살면서 얻는 생각과 느낌이 또 달라질 것이기 때문이다.

이렇게 나만의 행복을 소소하게 꾸려가는 것이 인생이 아닌가 싶다. 정답이 아닌 해답을 찾아 행복함을 느끼며 살아가는 삶 자체야말로 희망이다.

'고민'과 '시도.'

나를 표현할 수 있는 단어다.

고민 없는 사람이 어디 있겠는가. 누구나 고민하며 살아가고 나도 그 누군가 중 한 명이다. 이렇게 저마다 고민을 안고 사는 게 인생이다. 지금 내가 했던 고민들로 힘든 시간을 보내고 있을 그 누군가와 내 생각들을 공유하고자 한다.

고민에서 벗어나 행동으로 옮김으로써 이 책을 읽는 독자도 충분히 할 수 있다는 자신감을 갖기 바란다. 그러니 어둠의 색

을 버리고 희망에 초점을 두자. 그때의 '오늘'을 기억하며 힘차
게 하루를 보내기로 하자.

박지혜

| CONTENTS |

심연에서 나를 들여다보는 시간

과감한 행동의 시간

비로소 행복의 시간

1부

고민의
시간

뒤돌아보지 않고 그저…
그곳이 깊은 물인지 얕은 물인지,
오래전부터 바랐던 길로 풍덩 뛰어들었다.
잠시 발만 살짝 적셔보고 나오는 게 아닌,
내 온몸을 모두 담가 흠뻑 적신 것이다.
나는 이제 그 안에서 헤엄치며 살아가는 법을 터득해나가야 한다.

2,432일,
꿈을 찾았던 시간

새벽,
내 마음을 챙기는 시간….

　직장생활에서 가장 힘든 시간은 언제일까. 직장생활이 즐거워 미치겠다는 사람은 많지 않지만 내 경우에는 현실적인 문제들에 걸려 내가 하고 싶은 일을 하지 못하고 참고 숨죽여야 했던 시간이었다. 모든 사람이 그러겠지만 나 역시 현실과 타협하면서 애써 직장생활이 주는 편리에 감사함을 느끼려 애썼다. 구직 사이트를 찾아보면 일자리가 많아 보여도 정작 내 한 몸 들어갈 곳은 없는 것처럼 이 혼돈의 시대에 남들처럼 아침에 출근해 앉아있을 직장이 있다는 것만으로 나는 충분히 감사해야만 했다.

그린 감사한 직장이 내달 밀리시 않고 쇼박쇼박 내 통장에 월급을 넣어주는 건 물론, 직원 복지도 좋은 이곳에서 나는 왜 방황하고 힘겨워했을까? 나는 정말 감사함도 모르고 주제 파악도 못 한 채, 밖으로 달려나간 걸까? 젊은 객기에 벌인 겁 없던 퇴사였을까? 그때 그 행동을 더 나이가 든 지금은 할 수는 없는 걸까?

여러 사람과 부대끼며 업무를 위한 인맥을 만들고 다양한 업무를 하다 보니 점점 더 내가 보이기, 아니 내가 어떤 사람인지 알 수 있었다. 내가 바라보는 나는 상대가 바라보는 나와 같을 때도 있고 다를 때도 있었다. 내가 말하는 것을 찰떡같이 알아듣는, 마음이 잘 맞는 사람도 있는 반면 말은커녕 같은 공간에 머물기도 싫은 사람이 있었다.

처음 회사에 입사한 신입사원 시절에는 상사나 동료들이 나를 싫어하면 어쩌나 하는 작은 마음에 모든 사람에게 착한 사람이 되기 위해, 또 그들 틈에 끼기 위해 발버둥쳤다. 그런데 그런 날 밤에는 온갖 자괴감이 나에 대한 한심함으로 변해 잠들기 힘들었다. 그런 생활이 반복되다 보니 회사생활은 점점 더 버겁고 힘겨워져 갔다. 그리고 나는 그런 나를 바라보며 슬퍼졌다.

나는 왜 그런 상황에 나를 빠트렸을까. 왜 나를 알아보지 못하고 그들이, 사람들이 원하는 규격에 나를 맞추기 위해 하루하루 고통스러워했을까.

까맣게 타버린 커피 가루 같은 내 감정은 단지 직장생활의 고민과 정서를 공유할 또래 동료가 없거나, 어려워만 보이던 상사들에게 살갑게 먼저 다가가지 않아서 만들어진 걸까. 그것도 아니면 업무가 버겁고 회사 업무 스타일이 나와 맞지 않아서일까.

이런저런 고민을 애써 못 본 척 마음에 보듬고 쌓아 올린 7년의 조직생활에서 내가 느낀 가장 큰 감정은 실망감, 그 자체였다. 게다가 꼼꼼하게 노심초사하며 일하는 나와는 달리, 상대방은 그렇지 않았다. 그저 시간이나 때우며 대충대충 일을 처리하는 것에 분노가 치밀었다. 내가 잘한다고, 나만 열심히 한다고 해결될 업무가 아니기에 협조가 아닌 방관하는 그들의 태도에 점점 정이 떨어졌다. 불성실한 태도 때문에 생긴 문제들을 해결할 생각도, 추후 보완해 개선할 생각도 없는 사람들에게 몸서리쳐질 만큼 나는 회사생활에 점점 더 시들어갔다.

지금에 와서 생각해 보면 그 상황은 내 자신이 조직생활에 어울리지 않아서일 수도 있다. 그런데 당시에는 내가 이상한 건지 그들이 이상한 건지 정체성의 혼란이 오기 시작했다. 이렇게 하루하루 버티며 몇십 년 동안 이 일을 하는 건 나에게 죄를 짓는 건 아닐까란 생각이 들었고 그렇게 만들어진 불만을 몇 년 동안 안고, 키우고, 쌓다 보니 내 내면의 의문과 불안감은 점점 나를 물들여 결국 우울한 하루하루를 선물했다.

회사에는 남아있던 애정마저 떨어져 하루빨리 벗어나고 싶은 공간과 존재가 돼버렸다. 하지만 그 캄캄한 현실을 벗어나 총천연색 꿈으로 가는 길은 어디에도 보이지 않았다. 그 꿈으로 갈 것인가 말 것인가, 간다면 언제 갈 것인가, 무얼 타고 갈 것인가의 고민은 끝없이 꼬리를 물고 이어졌다. 그런 고민의 시간은 계속 흘러만 가고 총천연색 꿈도 점점 흐릿해져만 가는 듯했다. 그러다 무심코 읽은 어느 책의 한 구절이 내가 찾던 고민의 답을 말했다.

"할 수 없다고 생각하는 것이 진정한 장애다. 당신이 할 수 있다고 생각하면 할 수 있게 되니, 지금 바로 도전하라."

그렇다. 지금, 지금이 아니면 안 될 것만 같았다. 발목에 묶인 현실이 제아무리 탐스럽고 남들이 부러워하는 것이라고 해도 그 밧줄이 내 발목을 잡고 나를 넘어지게 만든다면 포기하지 말고 끊어내고 나만의 걸음으로 길을 이어나가야 한다는 생각이 들었다.

그 무겁고 부담스러운 발목의 짐을 끊어내기 위해서는 우선 가라앉은 내 기분을 먼저 살피는 게 우선이었다. 업무로 인한 스트레스가 목까지 차 한가득일 때는 퇴근 후 운동으로 땀을 내고 근육이 당기는 느낌을 즐겼다. 그래도 풀리지 않으면 일기장에 내 남은 마음의 검은 찌꺼기를 몇 장이고 적어내려 갔다. 주말의 긴 시간이 생기면 나를 한껏 꾸미고 맛있는 음식과 다디단 케이크로 내 기분을 한껏 기분 좋게 만들었다. 이렇게 나를 보듬고 챙기다 보면 사라진 여유도 찾게 되고 마음도 차분해지리라 믿었다. 그때의 나는 나를 새롭게 깨우기 위해 매일 부단히도 노력하고 열중했다.

가슴 설레며 입사한 2012년 8월의 어느 날부터 마지막 근무날까지. 그 2,432일 동안 나는 한바탕 바쁘고도 요란한 꿈을 꾼 듯 느껴진다. 처음 입사했을 때의 포부도 생각난다. 이곳에서 멋지게 경력을 쌓고 멋진 커리어우먼으로 회사의 한 축이되리라 꿈꾸었다. 그러나 현실은 꿈같지 않고 여전히 현실의 얼굴을 하고 있었다. 풀리지 않은 프로젝트를 싸안고 끙끙대면서도 해결하기 위해 골머리를 썩인 적도 많았고, 겨우 완성시킨 프로젝트가 내 뜻대로 흘러가지 않아 속상한 적도 많았다. 그래도 가끔 생기는 성취감으로 직장생활의 묘미는 여기에 있는 게 아니겠냐고 스스로를 위로한 적도 많다.

그런 직장생활을 뿌리치고 희미한 자신의 꿈을 위해 다른 일을 하겠다는데 고운 시선을 받을 수 있었을까. 하지만 내 꿈만큼은 잊지 않기 위해 날마다 꿈에 색을 입히고 생각하고 또 생각했다. 야근할 때도 꿈을 생각하며 오히려 더 힘을 냈다. 퇴근해서는 내 기분을 살펴주고 달래주며, 주말 아침의 단잠의 유혹을 뿌리치고는 내 꿈을 위해 계획을 세우고 필요한 공부로 시간을 보냈다.

아직도 기억나는 한 순간이 있다. 내가 나의 길을 가기 위해 힘겹게 고민하다 퇴사 이야기를 꺼냈을 때 누군가 한 말이다. '지금 이곳을 관두고 원하는 일을 새로 시작한다 해도 지금 당신이 받는 연봉보다 더 높을 줄 아느냐'는 충고 같은 비수 말이다. 교묘하고도 잔인한 그 악담은 한동안 나를 괴롭히는 메아리가 되었다. 그만큼 그때의 그 말은 나에게, 내 꿈에 비수를 꽂는 말이었다.

그에게 내가 하려는 일이 아무리 하찮아 보여도 그렇게 돈과 체면을 무기로 남의 꿈을 짓밟아도 되는 것인가. 같은 인간으로서 말이다. 물론 그 사람에게 왜 그런 말을 했냐 물으면 나쁜 뜻으로 말한 건 아니었다고 깜짝 놀랄지도 모른다. 그러나 한 인간이 자신과 자신의 앞날을 생각하며 진지한 갈림길에 놓인 그 위태롭고 불안한 상황에서 그런 오지랖 충고는 의도친 않았어도 내 심연과 자존감을 휘청이게 만들기 충분했다.

회사란, 조직사회란 그렇게 감정이 없이 이성만 남은 잔인한 공간이다. 같은 소속이라고 생각되면 한껏 이끌고 보듬어주지만 퇴사라는 단어가 나오면 현실감각 없는, 자신과는 전혀 상관없는 남이 되는 곳이다.

2,432일 동안 내 발목에 내 스스로 정성스럽게 매듭지어 묶

어 놓았던 그 화려하고 무거운 현실이라는 직장생활은 꿈이라는 가위로 끊어내어 버렸다.

오히려 지금은 홀가분하고 자유롭고 그때의 내 결정이 옳았다는 걸 점점 더 증명해가고 있다. 2,432일이라는 시간은 지금의 내 행복을 오롯이 느끼게 만들어준 값진 시간이다.

만약 지금 당신이 예전의 나처럼 현실과 꿈 사이에서 답답하고 힘든 시간을 보내고 있다면 일단 당신이 머물고 있는 곳에서 한 발을 더 내디뎌 병행해 보라 말하고 싶다. 주말을 이용하든, 휴가를 쪼개든 양다리를 걸쳐보아야 내 꿈으로 발을 옮겨볼 것인지 말 것이지 판단할 수 있다. 당신의 체력을 시험해볼 값진 순간이며, 다른 상황이 생겼을 때 유연하게 당신의 꿈을 잘 붙들 수 있는지도 알 수 있는 순간이다.

물론 체력적이나 정신적으로 직장에 적을 두고 다른 일을 시도한다는 게 쉬운 일이 절대 아니다. 나 역시 시간적으로 일과 병행하기 힘들어 오랜 시간 병행할 수 없었다. 한때는 긴 휴가를 얻어 이중생활을 더 버텨볼까 생각도 했지만 지금에 와서 생각하면 상당한 시간 투자가 필요한 공부였다.

그래도 당신에게 그 힘들고 무거운 이중생활을 시도해 보라

제안하는 이유는 그만큼 당신의 꿈이 소중하기 때문이다.

퇴사라는 소재는 이미 많은 책에서 언급되었지만 내가 우리들에게 가장 전하고 싶은 말은, 그 시기에 본인 스스로를 잘 알고 앞으로의 길을 위해 스스로 발을 내디뎌야 한다는 사실이다. 아무도 우리에게 등 떠밀어 길을 알려주지 않는다. 내 길은 내 방법으로 찾아내 스스로 걸어 나가야 한다.

회사일, 영어공부, 운동…

바쁘게 밥도 굶어가며 힘들어 죽겠다고 바둥거리고 있는데,

이것들이 진정 내가 원해서 만들어낸 결과물일까.

내가 무엇을 위해 그 일을 하고 있는지 목표의식이 명확히 서야한다.

'목적의식,' 이것은 중간중간 계획대로 잘 되어가고 있는지

확인하기 위한 채찍질이다.

- 2014. 2. 12. 일기 중에서….

지금,
이 길이 맞는 길인가

"나는 어떤 삶을 살고 싶은 걸까?
지금의 길이 내 길이 아니면 내 길은 뭘까?
지금 하는 일을 즐기면서 하고 있나?
할 수 있다는 자신감이 있나?"

한때, 풀리지 않는 문제들로 꽤 오랫동안 밤잠을 설친 날들이 있었다. 생각이 많아서였다. 내가 하려는 일이 무엇인지, 그 일이 지금 내가 하고 있는 일인지에 대한 생각이 많아서였다.

밤잠을 설치며 고민해도 뭔가 잘못되었다는 생각만 들었다. 당시 내 길은 내가 걷고 싶은 길이 아니었다. 도대체 어디서부터 단추가 잘못 끼워졌는지는 모르겠지만 나도 모르게, 아니 내가 방관해서 이상한 삶을 살고 있다고 생각했다.

남들이 사는 세상은 순조롭고 평범하게 돌아가는 것 같은데 내가 사는 세상만 복잡하고 뭔가 삐거덕거렸다. 잠을 자려 하면 눈물만 났다. 뚜렷한 이유라도 있으면 오히려 이성의 노구를 꺼내 해결해 보겠다만 그렇지도 않으니 답답하고 미칠 지경이었다. 매일매일 한숨만 나왔다.

마음속 풀리지 않는 모든 문제에 인내를 가지라.

문제 그 자체를 사랑하라.

지금 당장 해답을 얻으려 하지 마라.

그건 지금 당장 주어질 순 없으니까.

중요한 건 모든 것을 살아보는 일이다.

지금 그 문제들을 살라.

그러면 언젠가 먼 미래에 자신도 알지 못하는 사이에

삶이 너에게 해답을 가져다줄 테니까.

이 시는 릴케가 나에게 선물한 조언이다.

그 조언에 따라 그때 나의 내면을 달래는 방법은 생각나는 대로 마구 적는 일이었다. 노트건 영수증이건, 또 어디에서든 내 생각의 또아리들을 한 올 한 올 풀어내다 보면 시꺼멓게 변한 감정들은 어느새 희미해져 있고 다시금 잠들 수 있었다. 아침은 아침대로 똑같은 하루가 반복되기 때문에 눈을 뜨기 싫었다. 오늘의 하루는 누군가가 그토록 원하던 날이라고 했던가. 그런 소중한 하루를 선물 받고도 나는 반송장 상태로 하루를 시작했다.

이것이 내가 진정으로 원하던 삶이고 길인가라는 생각이 매일 자라고 자랐다. 남들처럼 평범하게 그냥 그렇게 살라고 스스로를 달래도 내 자신에 대한 의심은 매일 조금씩 자라났다. 지금 생각하면 젊은 시절은 한순간이고 반짝반짝 빛나도 부족할 시기인데 나는 왜 그토록 힘들어만 했을까.

그렇게 고민의 시간들을 보내다 보니 고민의 원인을 발견했다. 버티는 데 한계가 온 것이다. 내가 짊어져야 하는 나만의 짐을 어깨에 두르고 나만의 길을 걸어가는 게 인생인 걸 안다. 그런데 지금 겪고 있는 문제도 해결하지 못한 채 무조건 인내하고 참으며 평생 이 길을 걸어가야만 한다는 사실에 문득 겁

이 났다. 오늘 하루도 이렇게 아무렇지 않은 척 흘려보내야 한다는 사실이 절망적이었다. 그러다 보니 내가 하는 모든 행동이 모두 내 마음 같지 않았다.

버틴다는 건 뭘까. 하고 싶은 일을 한다고 해도 힘들고 버텨야 하는 순간은 있게 마련이다. 살별 때노, 좀저럼 풀리지 않을 때도 있을 것이다. 반대로 하기 싫지만 해야 하는 일에는 버텨야 하는 구간이 더 깊고 클 수밖에 없다. 이 두 가지 차이는 마음가짐이다. 힘든 상황이 생겨도 내가 할 수 있다는 믿음, 그 힘이 나를 독려하고 키워나갈 것이다.

물론 나도 버티는 일이 힘들다는 걸 알고 있다. 한때 많은 시간을 버티면서 힘들어했는데, 평소 끈기가 부족하다 생각해서 어떻게 해서든 맡은 일을 최선을 다해 제대로 마무리를 지려 했다. 그런데 그것도 내 길이 아니었던 것 같다. 김미경 원장의 말처럼, 적성에도 맞지 않는 일을 하면서 30년을 더 살아야 한다고 생각하니 눈앞이 캄캄해졌다. 버틴다는 것 자체가 시간 낭비라는 생각이 들었다. 차라리 그 시간을 다른 것, 나를 위해 쓰면 어떨까.

떠나야 할 때가 언제인지를 아는 사람은 아름답다고 했던

가. 그렇다면 지금이야말로 떠나야 하는 아름다운 순간이 아닐까? 이 물음은 한동안 내 머릿속에서 떠나지 않았다. 그리고 또 생각했다. 지금 내가 떠나면 앞으로 후회하지 않을까. 그래서 후회할 목록도 생각해 봤는데 결국 그 목록엔 별다른 것은 없었다. 그저 살아가는 데 스쳐갈 만한 잠깐의 고민 정도였다.

길게 보면 정말 아무것도 아닐 텐데 나는 그 사소한 순간순간의 감정의 찌꺼기에 마음을 집착하고 씨름하고 있었다. 결국 이렇게 오래도록 고민했다는 건 내 길이 아니라는 뜻이리라. 고민해서 해결이 된다면야 그 방향으로 고쳐나가면 되지만 그래도 마음이 불편하다면 결국 방향을 틀어야만 한다. 그래야 내가 살 수 있으니까 말이다.

이제야 결론을 얻었다. 그건 단지 나와 조합이 맞지 않는 일이었다는 사실을 말이다. 내가 못나서도, 내가 부족해서도, 내가 덜 노력해서도 아니었다. 그저 나와는 호흡이 맞지 않았던 것뿐이다.

그렇게 무거웠던 마음을 내려놓으니 한결 편안해졌다. 아직 머릿속은 복잡하지만 그래도 그 결정으로 내 마음의 짐을 덜어낼 수 있어 감사할 따름이다.

그때 적어내려 간 메모들을 살펴보면 그 당시 내 심리상태가 그대로 반영되었기 때문에 한없이 어두운 글들만 보인다. 하지만 메모의 힘 덕분인지는 몰라도 시간이 흐를수록 그 어두운 글들은 점점 밝아져가고, 내가 원하는 길은 점점 더 선명하게 보여 내가 진짜 걷고 싶은 길로 들어설 수 있었다.

나는 뒤도 돌아보지 않고 그곳이 깊은 물인지 얕은 물인지 고민도 하지 않고 오래전부터 바랐던 길로 풍덩 뛰어들었다. 잠시 발만 살짝 적셔보고 나오는 게 아닌, 내 온몸을 모두 담가 흠뻑 적신 것이다. 나는 이제 그 안에서 헤엄치며 살아가는 법을 터득해나가야 한다.

당신에게도 여러 상황들로 인해 버티기 힘든 순간이 있을 것이다. 무조건 참고 견디는 건 능사가 아니겠지만 그 순간을 견뎌야 한다. 그 인고의 시간들이 있어야만 자신의 내면을 들여다보고 생각할 충분한 시간을 가질 수 있기 때문이다. 그러다 보면 어느 순간 결론을 내릴 때가 오고야 만다.

그 결론이 만든 길은 다시 시작해 보고 싶었던 새로운 길이 될 것이다. 그러니 지금 힘든 상황이 도래했다고 해서 피하지

말고 당신이 정말 가려는 길을 만들기 위해 승화하는 순간을
만들길 바란다.

어젯밤 밤새 뒤척였다.

다음 날을 위해서라도 억지로 잠을 청해야만 했지만

피곤해서인지 좀처럼 잠에 빠져들 수 없었다.

끝없이 추락하는 내 기분으로 인해 몹시 지치고 힘들다.

날이 밝으면 또다시 출근해 견뎌내야 할 우울, 분노, 슬픔의

감정들이 나를 괴롭혔다.

하루 종일 몸과 마음을 쉬면서 고민도 해봤지만 좀처럼 답을

얻을 수 없었다.

누가 내 길을 대신 정해주는 것도 아니고, 기껏해야 조언 정도

전할 수 있을 뿐이다.

결국은 내가 선택한 그 결정은 내가 책임지고 걸어 나가야 할

길이다.

그래서 답답하고 막막하다.

지금껏 그래왔던 것처럼 꾹 참고 견디면 나아질까?

참으면 그동안 쌓여온 나의 묵은 감정들도 해소될 수 있을까?

예전에는 참고 견디면 곧 괜찮아질 것이라 믿을 때도 있었다.

그러나 지금은 아니다.

참고 견디면 잠시 좋아질 뿐이지 그 기분은 다시 날 찾아와 나를

점멸시키곤 했다.

그래서 지금은 아무와도 이야기 나누고 싶지 않다.

그 정도로 내 기분은 무척 날카로워져 있다.

나조차도 뚫어버릴 만큼 말이다.

- 2017. 10. 26. 일기 중에서···

밤새 잠을 설치며 한숨이 멈추지 않았다.

해야 할 일들은 쌓여있고 새로운 일에는 적응해야 하는,

스트레스가 많다.

업무 인수인계 후에 또 다른 업무 하나를 바로 시작했다.

지금으로서는 시작할 수 있는 업무가 있다는 것에 감사할 뿐이다.

이렇게 업무라도 손에 빨리 익혀서 일을 해나가는 것이 낫지,

미지의 세계를 초조하게 기다리는 건 정말이지 견디기 힘들다.

처음 인수인계할 때의 감정들을 요즘 새록새록 다시 느끼고 있다.

처음에는 무슨 말인지 이해도 되지 않던 일이 익숙하고 적응해가면

나중에는 내가 그때 왜 그토록 힘들어했을까 의아할 것이다.

그 시간 속에서 견뎌내는 일은 힘들지만 그 시간을 지나오면

나 자신이 한 뼘 성장해있으리라.

나는 요즘 옆에서 응원해주는 사람들의 에너지 덕에 하루하루

힘을 만들어내고 있다.

살아가는 일이란 이처럼 힘든 순간 속에서도 희망을 발견해내는

일인 것 같기도 하다.

힘들고 암울하게만 생각하면 한없이 절망적인 상황이지만,

해야 할 일들을 우선 발밑에 내려놓고 한발 멀리 두고 생각해 보면

아무 일도 아닐 수 있다.

그러니 심각하게 생각하지 말고 가볍고 즐겁게 받아들이자.

가볍지만 그 선택은 늘 현명하고 신중함 속에서 이루어지도록 하자.

- 2019. 4. 2. 일기 중에서⋯.

내가 겪는
성장통

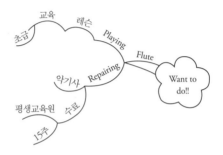

얼마나 오랫동안 이런 마음이었는지 모른다. 분명 하루하루 최선을 다했다고 생각했는데 막상 뒤돌아보면 그 하루가 아무 것도 아닌 것 말이다. 그 하루에 오롯이 묻어있던 나의 노력들은 대체 어디로 날아간 것일까.

톡하면 튀어오르는 울컥한 감정들을 겨우 쓸어내리고, 해야만 하는 일을 할 때의 기분. 굳이 그 힘들고 외로운 감정들을 구구절절 표현하지 않아도 말없이 등을 쓰다듬어주는 한없이 위로가 되는 존재. 그 어떤 말보다 '수고했다'는 한마디의 따뜻함 덕분에 다시금 하루를 살아갈 힘을 얻는다.

'뚝'이라는 제목의 시를 읽는 순간 나는 위로받았다. 어쩜 내 마음을 이리도 잘 표현한 것인지. 내가 겪었던 마음의 고통은 나 혼자만의 문제가 아니었음을 느꼈다. 그래서 당신과도 이 시를 함께 하고 싶다.

울컥울컥한 감정을

벌컥벌컥 삼키어낸 하루

설명하지 않아도 괜찮아요.

수고했어요.

『평범해서 더 특별한』 '뚝' 중에서….

당신은 나처럼 이런 감정을 느낀 적이 없는가. 나란 사람의 정체성의 해답이 없어 스스로 상당한 압력을 받은 적 말이다. 서른이 넘은 나이에 이런 방황을 해도 되는지, 사춘기가 아니라면 흔히 말하는 오춘기가 온 것일까. 왜 나는 남들처럼 평범하게 세상 흐름대로 살지 못하는 것인지 가끔은 혼란스럽다. 내가 이상한 건지 나를 둘러싼 세상이 이상한 건지.

비록 아직 혼란스러운 길 한복판에 서있다 해도 내가 좋아하는 게 뭔지는 발견하지 않았는가. 좋아하는 것들이 스며있는 일상을 그리며, 또 그 순간 행복을 느낄 수 있다는 것, 이것만으로 내 성장통은 의미가 있는 아픔이 아닌가. 그렇기에 지금의 성장통은 기쁜 마음으로 받아들여야 하지 않을까.

하고 싶은 일을 해서 받는 수입보다 지금 직장에서 일하며 받는 수입이 더 많다면, 지금의 생활을 유지하면서 하고 싶은 일을 하기 위한 준비시간이 필요하다. 내가 하려는 일이 정말 나에게 맞는 일인지 확신이 들지 않을 때도 마찬가지다.

새로운 길을 걸어가기 위해 얼마나 많은 시간을 고민하고 노력해왔던가. 또 내 정신은 얼마나 오래 신경을 곤두세우고 관찰해왔던가. 정신이라는 보이지 않는 공간에 마음을 기울인다는 건 때론 어려운 일이다. 조금이라도 신경을 쓰지 않으면 그 문제는 금방 사라져버리고 쉽게 잊히고 만다. 또 그러다가도 언제 어디에서 갑자기 나타나 내 가슴을 비수처럼 파고들지 모른다.

그러다 문득 깨달았다. 삶의 고민은 서른이나 마흔이나 예순이나 늘 하게 마련이라고, 살아가기 위해서는 본능적으로 할 수밖에 없는 것이라고 말이다. 다만 나이가 들수록 그 정도가 조금씩 무뎌지는 것뿐이라고.

나는 예민한 편이다. 그래서 내 안의 무언가가 말하려는 걸 절대 무시하지 못한다. 시도 때도 없이 밀고 올라와도 그것을 무조건 억누르지 못한다. 언제가 되었든 그것을 들춰내 표면에 드러내야 했다. 그런 예민함 덕에 지금 이 글을 쓰고 있는 것일지도 모른다.

'인생은 90부터'라는 김형석 철학자의 말이 와닿는다. 굉장하지 않은가. 90살이면 기력이 쇠해지고 떠날 준비를 할 때인데 오히려 시작이라니. 역설적인 말 같지만 곰곰이 생각해 보면 지금을 살아가는 우리에게 정말 필요한 말이기도 하다.

젊어도 노인 같은 생각을 하는 사람이 있는 반면, 나이가 들어서도 팔팔하고 신선하게 생각하며 사는 사람이 있다. 육체적인 나이를 떠나 얼마나 건강한 생각을 하고 사느냐에 따라 인생의 속도와 깊이도 달라진다고 생각한다.

〈절망하지 마라〉

프란츠 카프카

절망하지 마라.

비록 그대의 모든 형편이 절망할 수밖에 없다 하더라도

절망하지 마라.

이미 일이 끝장난 듯싶어도

결국은 또다시 새로운 힘이 생기게 된다.

인생은 우리에게 이렇게 다시 살아갈 마음을 전한다. 매일 절망적이라 해도 한편으로는 혹시나 하는 바람을 잠깐 가져볼 수 있도록 희망을 던져준다. 그러니 당신도 절망하지 마라. 어떻게든 살아가게 된다. 끝이 난 것처럼 좌절해도 어느 순간 살아있음을 느끼고 감사할 수 있다. 지금의 성장통은 앞으로 살아갈 날의 밑거름이 되는, 소중하면서도 겪어내야만 하는 귀중한 순간들이다.

나는 지금 굉장한 성장통을 앓고 있는 중이다.
아무도 대신 아파하고 겪어주지 못할,
시간의 흐름에 따라 결국 나만이 해결하고
내가 감당해야 할 아픔들이다.

- 2013. 4. 30. 메모 중에서···

〈사람은 무엇으로 성장하는가〉

'나는 무엇으로 성장할 수 있는가'
이 질문은, 내 인생을 제대로 살아내기 위해
매일 고민하는 과정 중의 일부다.
한 번뿐인 인생, 어느 누가 대충 살다 가고 싶겠는가.

나 자신에 대한 시간투자

잠들기 전이나 매일 새벽, 그리고 출근 후 업무시작 전에
내 성장을 위해 투자한다.
어떻게 하면 좋을지, 어떤 시도를 해야 할지 곰곰이 생각하며
계획을 적어본다.

내가 정말 하고 싶은 일 파악

내가 정말 하고 싶은 일은 무엇일까.

몇 년간 이처럼 진지하게 고민해 본 적도 없던 것 같다.

30대라면 사회일원으로서 어느 정도 안정되어 있을 때가 아닌가
싶은데 나이가 들수록 불안해지는 것은 사실이다.

아직 내 꿈을 구체화시키지 못했지만 악기와 관련된 일을
하고 싶다.

악기 수리과정을 배워 그 이야기를 나의 또 다른 책에 적어내려
가고 싶다.

그리고 그 다음 책은 인문학적인 느낌을 살린 에세이를 내고 싶은
꿈을 꿔본다.

나 자신을 대하는 태도

예전의 나는 굉장히 밝은 사람이었다.

그러나 어느새부터인가 우울하고 감정기복이 심해졌다.

상담을 받고 싶을 정도로 누군가의 도움이 필요할 때도 있었다.

부정적인 생각도 많이 들어 힘든 시간을 보냈다.

그러나 스스로 극복하려는 의지를 갖고 있었는지 힘들어도
결국 견디어냈다.

긍정적인 생각과 태도는 인생을 살아가는 데 정말 필요한
것이지만, 때론 부정적으로 변하는 내 모습을 볼 때마다
자신에게 더 화가 났다.

앞으로 남은 인생, 무엇을 해야 할까

과거의 경험과 기록을 정리하면서 내 생각의 공통점을 발견할 수 있었다.

그 과정은 한 시대를 살아온 나를 투영한 것으로 인생의 후반전을 준비하기 위한 귀중한 자료가 되리라 생각한다.

이렇게 돌아보는 시간을 통해 나를 충분히 파악할 수 있는 시간을 가졌다.

끝까지 하는 힘

어떤 일이든지 끈기를 가지고 임해야 한다.

시작을 아무리 잘한다고 해도 마무리를 제대로 하지 못한다면 제대로 된 결과를 얻을 수 없을 것이다.

나는 왜 그 일을 해야 하는가, 나는 왜 그 일을 하고 싶어 하는가, 나는 왜 그 일을 계속 생각하는가.

이처럼 다양한 질문을 통해 내 꿈에 더 다가가고 끝까지 버틸 수 있는 힘을 가지게 될 수 있을 것이다.

끈기를 가지고 끝까지 하는 힘. 내가 직접 경험한 일이기도 하지만 정말 중요한 것이다.

스트레스 관리

목표가 있다면 내가 하는 일에서 긴장을 느낀다 하더라도
즐거운 긴장이 될 수 있다.

즐기다 보면 변화가 있게 되고 반복과정을 거쳐 결국 성장하게
된다.

변화라는 것은 늘 스트레스를 동반하지만, 기꺼이 받아들이고
즐겁게 생각한다면 내면적으로도 성장한 모습을 발견하게 될
것이다.

내가 하고자 하는 일의 변화에서 오는 스트레스와 회사 업무의
잦은 변화에서 오는 스트레스.

이 둘은 확연히 다른 스트레스다.

긴장과 스트레스를 잘 다스려서 나의 목표를 달성하는 데
도움이 되게 만들어야 한다.

내려놓을 수 있는 용기

내가 하고자 하는 일을 위해 경제적 안정이라는 부분을
기꺼이 포기할 수 있는가.

내가 그 부분을 수긍할 수 있으면 일단 시작해야 한다고 생각한다.

그렇다고 섣부른 결정을 해서는 안 된다.

대부분 경제적인 조건 때문에 하기 싫은 일도
쉽게 내려놓지 못한다.

하지만 그렇다고 해서 힘든 상태로 남은 인생을 계속 살아가고

심은가?

난 그렇게 생각하지 않는다. 어떻게 해서든지 내가 원하는
방향으로 이끌어 충만한 행복을 느끼며 살고 싶다.

그럴려면 일정 부분 포기해야 할 부분도 과감히 선택할 수 있어야
한다.

- 2019. 4. 7. 블로그 중에서···.

나를 얼마만큼
발견할 수 있을까

현재 일을 하면서

+

관심 있는 새로운 일 시도하기

나라는 옷을 입은 채 나 자신을 발견해낸다는 건 생각보다 어려운 일이다. 한때 나는 나를 잘 알고 있다 생각했었다. 그러나 내가 미처 보지 못한 틈 사이로 나도 모르는 어린 내가 숨어있을 수 있겠다는 생각을 했다.

이성 친구와 연애를 해 보면 내가 어떤 사람인지 알 수 있듯,

상대방을 통해 나를 발견해내는 건 꽤나 신선한 일이다. 나 혼자서는 알 수 없는 부분이기 때문이다. 남들이 보는 나와 내가 보는 나, 이 둘 사이에는 어떤 차이가 존재할까. 어느 모습이 더 좋다고 말할 수 있는 성질의 것은 아니지만 그것의 평균을 잡는다면 내 자신을 어느 정도 미루어 짐작할 수 있지 않을까.

남들이 나를 어떻게 생각하는지가 무척 중요한 시절이 있었다. 지금 생각해 보면 참 어처구니없는 마음이었지만 내 주변의 모든 사람에게서 좋은 사람이라는 호평을 받고 싶었다. 그런데 시간이 지나며 누구에게나 좋은 사람이라는 평가를 받기란 불가능하다는 걸 뒤늦게 깨달았다. 그리고 호평을 받는다 한들 무엇이 내게 남을 것이며 그걸 어디에 쓸 것인가.

다소 늦은 감이 있지만 이제는 남이 나를 어떻게 생각하든 내 마음이 먼저란 걸 안다. 남들도 각자 자신의 인생을 살기 위해 동분서주하기 때문에 남의 인생에는 별로 관심이 없다는 것도 알게 되었다. 시선의 기준점이 생판 모르는 남들에게서 나에게로 옮겨지고 나니 나에게 한껏 더 집중할 수 있었다. 게다가 내가 나에게 하는 말에 귀 기울이고 내 스스로에게도 솔직해질 수 있어 내 마음이 또한 한결 홀가분해졌다.

지금 생각해 보면 예전에 그토록 우울했던 이유는, 내 생각과 마음에 의심을 품었기 때문인 것 같다. 그저 마음 흘러가는 대로 따라가면 될 것을 이리저리 재고 움직이지 못하게 꼭 눌러버리니 마음이 온전할 리 있겠는가.

니체의 말을 빌리면, '자신이 어떤 사람인지 알고 싶다면 자신에게 몇 가지 질문을 해 보라'고 말한다. 자신이 진실로 사랑하는 것은 무엇인지, 자신을 영적으로 높이 끌어올려 준 것은 무엇인지, 무엇이 자신에게 기쁨을 안겨 주었는지, 자신은 어떤 일에 몰입했는지. 이 질문들에 답할 수 있다면 자신의 본질에 더 가깝게 다가설 수 있을 것이라 말한다.

나를 제대로 마주하기 위해 그의 질문에 나도 답해 보고자 한다. 내가 진실로 사랑한 건 보이지 않는 나의 내면의 힘이다. 솔직하고 꾸밈없이 드러낼 수 있는 나만의 것, 이것이야말로 나를 한 차원 높이 끌어올려 주었고, 이것을 바탕으로 몰입할 수 있는 기쁨도 얻었다.

또한 약해 보이지만 부러지지 않는, 나만의 뚝심도 있다. 마주친 시련에 지치고 힘들어 해도 끝까지 포기하지 않으려는 근성으로 일궈낸 마음이다. 크고 작은 고비를 어떻게 해서든 버텨보려는 악착같은 내 태도는 내가 원하는 곳까지 밀고 갈수 있게 만들었다.

나를 발견해나가는 일은, 곧 나를 '고민'하는 것에서부터 시작된다. 나 역시 오랫동안 나를 발견해내기 위해 많은 시간을 들였다. 나라는 사람은 누구일까, 나는 무엇을 원하는 것일까를 두고 깊이 성찰하는 시간을 가졌고 그만큼 고민도 많이 했다.

단순한 고민에 그치는 게 아니라 그 고민들을 발판삼아 앞으로 어떤 실행을 해나가야 하는지 계획도 세웠다. 완벽하지 않은 계획이었지만 나를 한 걸음 더 내딛을 수 있도록 많은 도움을 주었다. 결국 무엇을 원하는지 알기 위해 고민했던 그 순간들은 계획이라는 과정을 거쳐 행동이라는 결과를 만들어냈다.

열정이 있다면 당신이 실행하려는 의지는 더욱 힘을 받을 것이다. 누군가에 의해 꺾이지 않는 강한 마음은 결국 당신을 행복의 길로 들어서게 만들 것이라 믿는다.

'인생에도 학교가 필요하다' 라는 생각은 20살 초반부터 늘 해왔다.
딱 꼬집어 정해진 답이 없는, 뿌연 안개를 걷으며 매일 걸어왔고
최선을 다했다고 생각했다. 그러나 정작 힘들어하는 자신을 보고
이 길이 정말 내 길인가, 끝까지 가야 맞는 것인가 하는 의심이
늘었다.
서른 살이 되어서라기보다, 이제는 인생을 정말 주체적으로
행복하게 만들어야 하지 않겠느냐는 조급함이 생겼다.
인내하고 꾸역꾸역 참는 것이 정말 내 인생에 도움이 될까?
지금 조금 더 버티고 참는다고 앞으로의 상황이 나아질까?
그렇다고 당장 다른 일을 준비하기에는 아무것도 준비되어 있는
것이 없고, 나만의 무기도 없다. 그것을 알기에 아직까지는 버티는
게 옳다.
그렇다면 무엇을 하면서 살고 싶은가. 이 질문의 답은 참 어렵다.
뚜렷이 떠오르는 건 없지만 플루트를 더 배우고 연주하고 싶다.
그러기 위해서는 우연한 기회에 지도자과정을 수료한 것처럼,
다른 기회를 모색해야 한다.
오늘 이후부터 내가 정말 무엇을 원하는지 내면을 곰곰이
들여다봐야겠다.
'Follow your heart.' 마음이 가는 곳을 따르라, 호주 어학원에서
선생님이 하신 말씀이다.
이제는 꾸역꾸역 밀어 넣지 말고, 그 속에서 내가 진정 원하는
것이 무엇인지를 발견해야 한다.

- 2017. 10. 22. 일기 중에서···.

이제 와서
꿈을 꿔도 될까

악기를 계속 연주하리라는 걸 어릴 때는 미처 몰랐다. 그저 엄마의 권유로 시작했을 뿐이고 연주하는 건 즐거웠다. 내가 가진 소리로 음악이 만들어진다는 사실에 흥미를 느꼈고 다른 사람들의 호응에 힘입어 더욱 자신감이 붙었다. 대학생이 되어 개인 레슨을 받던 어느 날, 선생님께서는 음악대학을 추천해주

셨는데 그때까지만 해도 내가 무슨 음대를 가나 싶었다. 게다가 내가 지닌 재능의 가능성보다, 음대에 진학하기 위한 금전적인 문제가 눈에 더 밟혔다. 그래서 고등학생 때도 음대는 지망 대학 후보에도 올리지 않았다.

직장인이 되어 아마추어 오케스트라 활동을 하고, 음악회를 다니며 음악의 견문을 넓히기 시작했다. 사실 체계적으로 음악을 배울 기회가 없었기에 이론적으로 아는 것도 별로 없었다. 하지만 어릴 때부터 피아노를 시작으로 많은 곡을 접해 봤기에 커서도 음악을 즐길 수 있었다. 클래식 관련 서적을 읽거나 재즈 음악을 찾아 듣고 비슷하게 연주도 하면서 음악에서 손을 놓지 않으려 나름 관심을 기울였다.

『음악으로 세상을 바꾸는 CEO 금난새』에서 저자는 다음과 같이 말한다.

"음악을 한다는 건 음악에 미치는 일입니다. 콩쿠르에 나가 입상을 하는 것이나 화려한 스펙을 쌓아 대학교수가 되는 것이 음악을 하는 목표가 아닙니다. 흥과 끼가 넘쳐서 음악을 하는 사람에게서는 즐거움의 에너지가 넘쳐납니다."

그의 말을 듣고 많은 위로를 받았다. 그동안 음악 전공자가 아니라는 이유만으로 스스로 음악의 자존감이 떨어졌기 때문이다. '실력이 부족하니까, 이론적으로 아는 것이 없으니까'라는 변명으로 스스로 음악의 감수성을 주눅 들게 만들었다.

그런데 주변을 돌아보면 꼭 전공자가 아니라도 음악을 생활 속에서 충만하게 즐기는 사람들이 의외로 많았다. 퇴근하고 집에 들어서는 순간 클래식 음악을 틀어둔다든지, 노래를 잘 부르지는 못하지만 리듬에 흠뻑 취해 노래방에서 신나게 노래를 부른다든지, 음악으로 표현하지는 못하지만 관심 있는 음악의 관련 서적을 여러 권 읽는다든지, 사람들은 틀에 박히지 않고 자연스럽게 음악을 접하고 있었다.

그 모습을 보고 나니 나는 그동안 강박적으로 음악을 좋아한 것이 아닌가 싶었다. 부담 없이 내 마음 가는 대로 즐기고 느끼면 그만인 것을 왜 계획처럼, 엑셀처럼 특정한 틀에 맞춰 학습을 하려고만 했는지 스스로 안타까웠다.

나처럼 틀에 박힌 생각으로 음악을 하지 않는 건 말도 안 되는 일이다. 음악은 즐기기 위해 발명된 것이 아닌가. 삶을 즐기기 위해 노년에만 악기를 배우는 것이 아니라, 젊을 때도 즐기기 위해 음악을 배울 수 있는 것이다.

물론 아마추어가 접근하려는 음악 세계는 상당히 제한적이다. 그동안 연습한 곡을 사람들에게 발표하고 싶어도 그런 무대를 찾기 쉽지 않다. 나 역시 아마추어 오케스트라를 찾는 데만 몇 년이나 걸렸던 기억이 난다. 게다가 어느 정도 실력을 갖춘 음악 동호회에 가입해 실력 향상도 할 겸 즐기고 싶은데 그런 곳도 거의 찾아볼 수 없었다.

연습 장소도 마땅치 않았다. 음대생이 아니기에 학교 연습실을 이용할 수 없어서 집에서 제한된 시간에 몇 시간 연습하는 게 고작이었다. 사방팔방으로 알아본 결과, 다행히 집 근처에 괜찮은 연습실을 구하긴 했지만 말이다.

어느 날 연습실 대표님과 이런저런 이야기를 나누다 보니 음악을 직업으로 한다는 건 생각보다 힘든 일이라는 사실을 알게 되었다. 학창시절부터 외국 유학까지, 투자한 시간과 비용이 상당한 직업임에도 불구하고 박봉에 시달리는 현실이 문제라고 했다. 쌓아올린 학벌과 스펙이 대단해도 제 능력대로 수입을 얻을 수 없는 음악인의 삶이 안타깝기도 하지만 내가 볼 땐 자신만의 내세울 무기가 있어 부럽기 그지없다.

살면서 그런 무기 하나쯤은 있어야 한다고 생각한 나는 생각을 조금 비틀어 나만의 방향을 세웠다. 오랫동안 악기를 다룬 사람이라면 악기 수리 또한 남들보다 더 잘할 수 있겠다는 생각이 들었고, 그 분야라면 나도 충분히 뛰어들 수 있지 않을까 싶었다. 그것도 음악이라는 범주에 속하는 일이고 기술을 꾸준히 갈고 닦아나간다면 그것 역시 나만의 튼튼하고 아름다운 무기가 되지 않을까.

유시민 저자의 책 『어떻게 살 것인가』에서 내게 참 필요한 문구를 발견할 수 있었다. "남의 시선을 의식하지 않고, 그 어떤 이념에도 얽매이지 않고, 내 마음이 내는 소리에 귀 기울이면서 떳떳하게 그 권리를 행사하고 싶다. 좋아하는 일을 하면서 기쁘게 살고 싶다."

이 부분에서 작가 역시 어떻게 살아야 하는지를 두고 많은 시간 고민했다는 걸 느낄 수 있었다.

"사람들은 각자 자기의 나무를 오르고 있을 뿐이다. 나도 적당한 나무를 골라 오르면 된다. 내게 맞고 오르는 것이 즐거운 나무라면 된 것이 아니겠는가."

자신에게 맞는 나무가 있다니, 그렇다면 내가 걸어갈 지금

이 길은 나에게 맞는 나무일까. 아직은 과정의 단계이기 때문에 지금으로서는 답을 내리기 어렵겠다. 그의 말대로 사람은 저마다 좋아하는 걸 할 권리가 있고, 그것을 방해받고 포기할 이유 또한 없다.

무엇을 시작하기에 앞서 불가능한 방해물들만 눈에 보인다는 건 자신이 없어서가 아니라 그만큼 그 일을 하고 싶다는 반증이 될 수 있다. 아예 관심이 없는 일이라면 그 미래조차 내 몸에 걸쳐보지 않기 때문이다. 우선은 그렇게 걱정과 불안이 넘나드는 감정을 품고서라도 일단 저질러 보는 것, 그것이 가장 중요한 태도일 것이다. 계획을 세우고 도전하는 용기, 추진하는 행동이야말로 무언가를 탄생하게 만드는 가장 기본적이자 필수적인 요소다.

나 역시 이제 와서 뒤늦게 꿈을 꿔봐도 되는 것인지 고민이 많았다. 안정적인 직장을 다니면서 남들처럼 평범하게 산다면 지금보다는 걱정이 덜했을까? 만약 내가 그런 과거의 생활에 만족했다면 그렇게 살 수도 있겠다. 그러나 그 생활 속에서 나는 전혀 만족하지 못했고 행복하지 않았다.

꿈이 없어서 오히려 고민이라는 사람들과는 반대로, 나는 꿈이 여러 개였기에 오히려 그중에서 하나를 결정하는 일에 심혈을 기울여야만 했다. 살면서 하고 싶은 모든 걸 다 할 수는 없으니 가장 최상의 것을 선택해야 했다. 그렇게 선택한 일을 무기삼아, 결코 짧지만은 않은 인생에서 충분히 많은 것들을 시도하고 즐길 수 있으리라.

단지 꿈이 없어서 걱정하는 게 아니라면 하고 싶은 일은 무조건 시도해 봐야 한다고 생각한다. 그만큼 가슴을 울리는 일이고 절실하다면 말이다. 절실한 꿈을 드디어 갖게 되었다면 한 걸음씩 도전할 우리의 권리를 사용해 보도록 하자.

젊은 날의 매력은 결국 꿈을 위해 저지르는 것이다. 앞뒤를 재가며 좋은 기회만 찾는다면 당신이 품은 그 꿈은 영영 이루기 힘들지도 모른다. 그러니 지금이 바로 좋은 기회다.

당신이 품은 꿈을 실현하길, 더 이상 미루지 말고 지금부터 하나씩 시도하기를 바란다.

아침 플루트 레슨을 마치고 원장님의 모바일 초대권으로
플루트 공연을 보았다.
빡빡한 일정이었지만 내가 원하고 도움이 될 일이기에
피곤했지만 즐거운 마음으로 참석했다.
90분 공연을 위해 1년을 준비했을 단원들에게 응원의 박수를 보냈다.

나도 연주회를 해 보았기에 얼마나 힘든지 안다.
음표 하나가 가진 박자를 제대로 표현하는 것이
얼마나 어려운 일인지를 다시금 깨달았다.

배우면 배울수록 어렵다는 생각이 든다.
몸은 힘들지만 그래도 플루트를 배우는 걸 생각하면 설렌다.
더 잘해서 좋은 표현을 하고 싶다는 생각도 든다.
그러다 보니 내 마음이 가는 일을 하는 게 맞다는 생각이 든다.

늦게 시작하는 또 다른 여정이 되겠지만,
간절히 원하니 잘될 것이다.

- 2017. 11. 5. 일기 중에서···.

내 꿈을 찾는
기회비용은 어느 정도일까

"'나는 어떻게 살아야 하는가'에 대한
근원적인 생각이 들었다. 좀 더 내면을
살펴봐야겠다. 내 마음속을 들여다보았다."

기회비용, 모든 것을 다 갖고 싶은 게 사람의 욕심이겠지만
살다 보면 어느 하나를 선택해야 하는 순간이 온다. 그 순간은
물건을 고르는 일에서부터 인생의 방향을 결정하는 일까지 다
양할 것이다. 내가 정말 하고 싶은 일을 찾은 뒤부터는 그에 따
른 기회비용이 무엇인지 생각해 보게 되었다. 가장 큰 고민은

금전적인 부분으로 무시할 수 없는 문제다.

앞서 말했듯 나는 매달 꼬박꼬박 받던 안정적인 급여를 뒤로하고 내 꿈을 이루기 위해 퇴사했다. 누구라도 이 급여라는 기회비용 앞에서 쉽사리 결정을 내리기 힘들다. 실생활과 가장 밀접한 부분이기 때문에 집안 식구를 책임지는 가장의 경우라면 급여라는 기회비용을 쉽게 무시하지 못하는, 꿈 같은 이야기다. 한편 가장이라 해도 식구들의 응원과 도움을 받아 과감하게 도전하는 사람도 분명 있을 것이다.

나라고 왜 돈의 중요성을 몰랐을까. 남들보다 알면 더 잘 알았지 모르지는 않았다. 다만 그 조건 앞에서 나를 더 이상 잃고 싶지 않았다. 돈이 없다면 꿈을 버려야 할까. 예전처럼은 아니겠지만 그래도 어떻게든 살아지지 않을까. 하고 싶은 일이 있다면 한 살이라도 젊을 때 시도해 봐야 하지 않을까. 그런 생각들이 나를 돈보다 꿈 쪽으로 움직이게 만들었다.

"그는 또 비행의 여러 가지 방법을 배웠다. 그 때문에 치른 대가를 그는 조금도 아까워하지 않았다."

갈매기 조나단을 통해 내 인생을 짧게나마 돌아볼 수 있었다. 동료들과 어울리고 싶은 마음과, 할 수 있겠느냐는 질타를

누르고 자신의 목표를 향해 끝없이 도전하고 노력했던 조나단. 그는 자신이 원하는 일을 하기 위해서는 겪어낼 수밖에 없는 어려움이 뒤따른다는 걸 알게 되었다.

내 꿈을 위해 나는 얼마나 잘 견디고 이겨낼 수 있는지, 그동안 나는 잘해왔는지를 돌이켜보게 되었다. 하지만 나는 당장 눈앞에 닥친 어려움에도 쉽게 좌절했었다. 열심히 하려는데 왜 마음처럼 되지 않는지 자신을 나무랄 때도 있었다. 당연히 맞닥뜨릴 수밖에 없는 과정들을 애써 부정하려 했었다.

내가 갈 길의 어려움을 정리하기 위해 내가 처한 현실을 들여다보았다. 직장생활하면서 다른 꿈을 꾸었고, 그 꿈을 이루기 위해서는 얼마의 돈이 필요한지 먼저 계산해 보았었다. 내가 시작할 새로운 일은 직장생활과 병행할 수 없는 일이었기에 직장을 그만두고 받을 퇴직금을 새로운 꿈을 위해 사용할 수밖에 없었다.

퇴직금은, 원래 계획으로는 학교에 입학해 수업을 들으려 했다. 무엇이든 배워야 그것으로부터 시작할 수 있기 때문에 수업료는 어떻게 감당하지 싶어 대출을 생각하기도 했다. 하지만 운 좋게도 악기전문 판매점에서 수리 공부를 무상으로 잠깐이나마 배워볼 기회가 생겼다. 그렇다 해도 생활비 문제가 남았다. 모아둔 목돈으로는 얼마 버티지 못할 테니 나의 새로운 직업으로 일을 구하기 전까지는 어떡해서든 긴축재정 생활을 해야 했다.

퇴사하고 일을 시작하기 전까지 몇 개월의 시간이 남아있었지만 마음이 결코 편치 않았다. 조직에 머물던 소속감에서 벗어나 불안정하고 막연한 길로 들어서야 한다는 부담감이 제일 컸다. 하루하루가 불안함의 연속이었고, '이렇게 힘든 걸 감안하고서라도 내 꿈을 시작해야 할까'란 생각으로 혼란스러웠다.

그러나 그 까만 생각들을 마음속에 묵혀두지 않고 과감히 끊어내고 새로 걸어가기 시작했다. 이미 계획해두었고 예상도 했던 일이었다. 그렇기에 결정에 따른 대가를 후회하지는 않기로 했다.

지금은 이 시간들을 견디고 해결해나가야 하는 '인내심'이라는 기회비용을 치르는 중이다. 새로운 분야에 뛰어들어 모든 것이 낯설고 힘들지만 분명 내가 원하고 나에게 맞는 길이 나타날 것이고 눈앞을 가리고 있는 뿌연 안개도 점점 사라질 것이라는 생각으로 달리고 있다. 어느 단계의 야트막한 언덕에 오르면 그때에서야 비로소 지금의 힘듦을 모두 보상받고 잠시 쉬어갈 수 있으리라 믿는다.

조앤 치티스터 수녀의 책 『모든 일에는 때가 있다』에 보면 다음과 말이 나온다.

"바라는 것을 할 수 없어도, 그 길만이 자신에게 주어진 유일한 길이 아님을 깨닫는 것이 자기 자신을 이해하는 것이다. 배우가 되지 못하더라도 연출가가 되어 무대를 만들 수 있다."

그렇다, 내가 하고 싶었던 악기 전공의 꿈은 비록 이루지 못했지만 그 덕분에 악기 수리 과정의 새로운 오솔길을 찾아냈듯이, 인생이란 흐름을 놓지 않고 계속 잡고 고민하다 보면 어느 방식으로든 내가 가야 할 길이 반드시 열린다는 사실을 깨달았다. 만약 한 가지만 보고 한 길만 고집해 아직도 무거운 마음을 내 양 어깨에서 내려놓지 못했다면 애당초 내가 정한 꿈을 이루지 못한다는 현실에 마음은 더욱 괴로워질 뿐이다.

같은 범주 안에서 생각을 조금만 바꾸고 돌린다면 또 다른 길이 있음을 깨달아야 한다. 물론 그 길이 쉽게 보이지 않겠지만 말이다.

우선 사고를 전환할 필요가 있다. 잃는다는 것 무엇일까. 잃는다는 건 부정적으로만 생각할 대상이 아니라, 완전히 다른 새로운 세상이 시작되는 것으로 생각할 수 있다. 이 얼마나 희망적인 말인가. 단순히 잃기만 한다면 인생은 너무 허무하고 단조롭지 않을까. 그래서 나 역시 퇴사가 주는 의미를 새로이 시작하는 희망의 첫걸음이라 생각하기로 했다. 예전의 힘듦을 계속 붙잡고만 있는 것이 아니라, 그것을 내려놓고 새로운 꼭짓점을 향해 발길을 돌리는 적극적이고도 당당한 발걸음 말이다.

윤정은 저자는 다음과 같은 말을 했다.

"직장에 다닐 때보다는 서너 배는 더 노력해야 하고 경제적으로 불안정할 수 있다는 전제가 따르지만, 그런 것들을 기꺼이 감수할 만큼 좋아하는 일을 하며 사는 삶이 좋다."

저자의 말에 깊이 공감한다.

그동안의 삶을 포기하고 불안정한 삶을 시작하지만 언젠가는 안정적인 삶을 살게 되겠지. 지금이 불안한 만큼 내가 하고 싶은 일을 시작할 수 있는 거니까. 그런 이유로 내가 잃는 것들은 결코 사라지는 게 아니다. 새로운 도약을 위한 발판이자 또 다른 기회를 선물한다.

내 꿈을 찾는 데 드는 기회비용, 그것은 내가 짊어져야 할 책임이자 인내심이고 다음 도약을 위해 불가피한 선택이다. 당신에게도 기회비용을 책정해야 할 때가 온다면 행복한 일이다. 생각의 진전을 통한 긍정적인 결과물을 맞이할 시기이니 말이다.

지금 가진 것을 내려놓고 다음을 준비한다 해도 결코 손해 보는 일은 아니다. 당신이 내려놓은 그 무거운 돌은 당신이 꿈꾸는 미래를 뒷받침할 튼실한 디딤돌이 될 것이기에….

<읽음, 또 다른 세계의 시작>

조앤 치티스터 수녀의 책 『모든 일에는 때가 있다』에는
다음과 같은 말이 있다.
"실패는 자유를 준다. 실패는 인생을 다시 시작하고 세월의
잔재를 비워낼 수 있는 기회를 준다."
잘못을 저지르는 건 배움의 좋은 기술이니 낙담하지 말라는 뜻이다.

그동안의 삶에서 실패한 적도 많았고 좌절한 적도 많았다.
그러나 곧 다시 일어나 다른 방법으로 시작했다.
어떻게 보면 이 모습도 숨어있는 나의 저력이 아닐까 싶다.
"바라는 것을 할 수 없어도 그 길만이 자신에게 주어진 유일한
길이 아님을 깨닫는 것이 자기 자신을 이해하는 것이다."
저자는 이와 같이 말한다. 배우가 되지 못하더라도 연출가가
되어 무대를 만들 수 있다고.

원하던 플루트 전공은 이룰 수 없었지만 그 덕분에 악기 수리 과정을
알게 되었고 곧 학교 공부도 시작할 수 있게 되었다.
퇴사라는 세계를 벗어나니 나에게 새롭게 도전할 길이 열렸다.
그 길은 기존과는 전혀 다른 길이지만,
내가 몇 년에 걸쳐 원했던 새로운 길이다.
무엇인가를 오래도록 갈망하면 그 길은 반드시 열린다고 생각한다.
물론 바라지만 말고 노력 또한 뒷받침되어야 한다.

당장은 내가 원하는 길이 아니더라도

둘러가면서 그 길을 찾아가듯, 지금까지의 인생에서는

내가 메모하고 생각하고 고민해온 대로

대부분 길이 나타났던 것 같다.

하나를 잃음으로써 다른 하나를 얻듯이,

인생은 지금의 것을 포기해야 또 다른 새로운 것을

손에 넣을 수 있다는 사실을 깨닫는 요즘이다.

나에게 올 수많은 기회 중 하나가 곧 나에게 찾아올 것이라는

기대를 가지고 산다면,

잃는다는 일에 지나치게 일희일비하지는 않을 것이다.

- 2019. 5. 1. 블로그 중에서···.

2부

딴짓할 용기가
움트는 시간

고민이 있다면 우선 적어보라.
적는다는 행위는 생각보다 효과가 무척 커서
복잡했던 머리가 하나둘씩 정화되고 물꼬가 트이기 시작하고
생각지도 못했던 아이디어가 번뜩일 수도 있다.
나는 그 순간들이 정말 좋다.
그래서 오늘도 더욱 신나게 적어내려 간다.

나에게
새벽이란

"내 모든 버둥거림이 진정 나의 결과물일까?
무엇 때문에 버둥거리는지 목표가 분명해야 한다.
계획대로 되는지를 확인하는 채찍질이 필요하다."

『새벽 5시』 첫 번째 책을 출간했지만 새벽이 때론 낯설 때가 있다. 새벽이 나에게 전해주는 의미가 종종 다르기 때문이다. 새벽 시간은 여러모로 나의 의욕을 돋게 만들어준다. 나뿐만 아니라 이미 국내외 많은 사람이 새벽 시간을 예찬하고 새벽 생활을 실천하고 있다. 그렇기에 새벽을 말한다는 게 어쩌면 당신에게 진부하게 느껴질 수도 있을 것이다.

첫 책을 써 내려갈 때, 새벽 시간을 활용하는 CEO들을 조사한 적이 있다. 보통 기업을 경영하는 사람이라면 태생적으로 근면할 것으로 생각하지만 그들도 처음부터 그런 생활태도를 갖추지 않았다는 사실을 알게 됐다. 일을 하면서 위기를 겪고, 그 해결점을 찾아가는 과정에서 시간의 효율성과 소중함을 절실히 느낀 것이다.

10년 넘게 이 고요한 새벽 시간을 즐기고 있는 나에게 새벽은 어떤 의로움을 주었을까. 조금 더 곰곰이 생각해 보면 새벽 시간이 주는 장점을 얻기 위해 유난히도 시간에 집착해 강박관념을 가졌던 듯싶다.

원래 나는 태생적으로 가만히 있지를 못하는 성격이라 무엇을 하든 분주하게 움직인다. 욕심이 많아서 하고 싶은 것도 많았고 그렇게 일을 벌이다 보니 해야 할 것들도 늘어났다. 그러나 직장생활을 하면서 내가 하고 싶은 일들을 병행하기란 쉬운 일이 아니었다.

모두에게 주어지는 하루 24시간이지만 그 제한된 시간 속에서 내가 가장 효율적으로 쓸 수 있는 시간은 언제인가를 생각해 보았다. 잠이 너무 많은 게 단점이지만 시간을 조절하고 노력하다 보면 새벽 시간을 잘 활용할 수 있으리란 생각이 들었다. 새벽은 성공을 위한 '도구'에 지나지 않겠지만 그 도구를 '무시해서는 안 된다'는 걸 깨달았다. 그렇게 만들어도 지난 시간은 나의 목표를 위해 고군분투하게 만들었다.

가끔 시간을 분배하고 활용하거나, 할 일은 많은데 시간 조정하는 게 어렵다는 지인들에게 내 경험을 빗대어 이야기해주곤 한다. 우선 가장 중요하고 시급한 일을 먼저 처리하라고 말이다. 하지만 내게는 오랜 습관이지만 그 습관이 만들어지지 않은 사람에게는 낯설고 어렵게 받아들여진다는 걸 느꼈다.

물론 그런 말을 할 때마다 정작 나는 시간을 얼마나 잘 관리하고 있는지 반문할 때가 많다. 어쩌면 이런 생각들이 내 스스로를 몰아세웠을지도 모른다. 살면서 끈을 단단히 조이지 않으면 아무것도 이룰 수 없겠다는 생각을 한 것도 결국 내 만족감에서 기인한 게 아닌가 싶다. 그렇다 해도 특별나지 않은 평범한 내가 유일하게 잘할 수 있는 일은 현재라는 시간 자원을 알뜰히 사용하는 것뿐이었다.

그러다 어느 날 문득, 내가 정말 새벽을 어떻게 생각하고 있느지를 다시금 되뇌어보았다. 그동안의 새벽 시간은 내 삶을 열정적으로 살아갈 힘을 선물해주었다. 새벽 시간을 활용해야 하는 목적부터 파악해 그 시간을 사용할 힘을 모아두었다. 그 후에는 가장 집중력이 높은 새벽 시간에 우선순위의 일들을 처리하며 시간을 아껴 쓸 수 있었다. 그 생활을 반복하다 보니 여유 있고 풍족한 시간들을 누릴 수 있게 되었다.

그러나 최근에 보내는 새벽 시간의 이점은 전과는 조금 달라졌다. 전에는 효율적인 일처리를 위한 시간관리가 우선이었다면, 지금은 나의 내면 깊숙이 바라볼 수 있는 침잠의 시간이 된 것이다. 비로소 깊은 구렁처럼 어두웠던 시기를 벗어나게 만들어준, 다시 새로운 길에서 살아갈 수 있는 희망을 보여준 시간으로 변화한 것이다.

사실 그 전에는 새벽을 외면하고 싶을 정도로 내면의 방황이 이어졌었다. 그렇지만 그런 순간에도 새벽은 나에게 집중할 수 있는 시간을 마련해주었고, 그 시간 덕분에 스스로를 부여잡고 일어설 수 있었다.

그 청량한 새벽 시간 동안 나에게 묻고 또 묻는 시간들을 통해 내가 진정 원하는 것이 무엇인지, 나는 지금 이 순간을 어떻게 생각하고 받아들이는지를 속속들이 알 수 있었다. 마음은 시간을 가지고 자세히 들여다보지 않으면 절대 알아볼 수 없기 때문에 꾸준히 관심을 갖고 지켜볼 필요가 있었다.

생각이라는 것 또한 형체가 없기에 붙잡으려 다가설수록 멀리 아득해지고 만다. 어떤 생각을 하려고 접근했다가도 어느 순간 또 다른 생각으로 옮겨져 가는 경우가 다반사다. 이처럼 생각은 가벼우면서도 무거운 존재이기에 새벽만큼 생각을 집중하고 몰두하기 좋은 시간도 없을 것이다. 그래서 다른 어느 활동보다도 '생각'을 온전히 하기 위해 새벽 시간을 비워두고 활용하기 시작했다.

그때처럼 인생을 깊고 넓게 생각해 본 적도 없었던 듯싶다. 그만큼 나의 고민 모두를 새벽 시간에 쏟아부었고 생각 저 아래까지 박박 긁어서 새벽이라는 평상에 드러내려 했다. 물론 표면 아래에 숨어있던 생각들이 드러나기까지는 꽤 오랜 시간이 걸렸다. 머릿속에서 주인 없이 떠돌던 생각들을 밖으로 표출하기 전, 내 속에서 먼저 정리가 필요한 순간이었다.

이렇게 내 생각들을 드러내려는 시도는 결국 나와의 다짐 때문이었다. 단순히 흘러가는 대로 생각을 내버려두었다가는 정작 무엇 때문에 고민하고 힘들어하는지를 알 수 없을 것만 같았다. 그래서 내가 가진 생각들을 모두 드러냄으로써 내 마음과 생각이 발자취를 남기게 만들고 싶었다.

만약 당신도 나처럼 어떤 문제들로 고민하고 있다면 새벽 시간을 이용해 문제 해결의 실마리를 찾으면 좋겠다. 그러기 위해서는 우선 새벽 기상부터 실천해 보도록 하자. 매일 일어난 시각을 적으며 확인하다 보면 언제쯤 습관으로 자리 잡는지 파악하기 쉽다.

다시, 나에게 묻는다. 새벽에 이런 딴짓을 해 볼 생각은 어떻게 하게 됐을까. 그리고 그 용기는 어디서 나왔을까. 그렇다, 난 이 시도를 '딴짓'이라고 이름 짓고 싶다. 기존의 생활을 탈피해 조금 더 신선한 발상이 필요했고 절실했었다.

이 발견은 결코 어느 한순간에 이루어졌다고 생각하지 않는다. 고민의 시간 덕분에 새벽 기상을 오랜 시간 지속하다 보니 결국 수많은 모래알 중 반짝이는 유리구슬 하나를 발견한 것뿐이다. 그 유리구슬을 깨끗이 닦고 예쁜 색을 입혀 나만의 아이디어를 더했다. 결국 이 유리구슬은 내 머릿속을 떠돌다 내 가슴에서 우러나온 셈이다.

이 놀라운 과정은 당신도 얼마든지 실천 가능한 일이다. 그러나 시도하지 않는다면 쉽게 다가오지 않는 것도 사실이다.

지금 생각해 보면, 새벽은 내 마음을 챙기고 보듬게 만든 유일한 시간이자 힘이었다. 그런 고요한 시간은 내 삶을 더욱 건강하게 만들어주었다. 그래서 나 혼자만이 아닌 당신과도 그 청량한 시간을 함께 공유하고 싶다. 우린 함께 건강하게 살아가야 하니까 말이다.

<하루를 살아가는 내면의 힘이 필요한 때>

하루하루 힘든 시간의 연속,
이럴 때는 누군가에게 인생 상담 좀 받고 싶다.
사는 게 다 그렇다고 인생 다 똑같다고
체념하는 투로 조언하는 것이 아닌
정말 내 입장에서 공감해주고 바라봐주는
그런 사람이 있다면 얼마나 좋을까.

속마음을 털어놓을 사람이 없어
너무 허전할 때가 있었다.
친한 친구마저도 내 마음을 이해하지 못했다.
전문 상담센터라도 찾아가고 싶을 정도였다.
그렇게 조언자를 찾는 일을 실패했고
결국은 스스로 발길을 돌려
다른 돌파구를 찾을 수밖에 없었다.
그 길이 잘된 길이든 잘못된 길이든
어떻게든 그 상황을 견뎌내고 싶었다.

안간힘을 쓰고 악착같이 이루려고 하는 나의 것은 무엇인가.
지금을 벗어나 새로운 일을 시작하는 것,
좋아하던 취미를 직업으로 삼는 것,
무엇하나 내 마음대로 쉽지 않았다.

움켜쥐고 있다가도 한순간에 놓아버리면 아무것도 아닌 것을,

왜 그리 힘들게 움켜쥐고 있나 하는 생각이 들 때가 많았다.

한 번 살다가는 인생이지만

그래도 내 삶에 주어지는 한 번뿐인 인생이기에

누구보다 열심히 최선을 다해 행복하게 살고자 했다.

그래서 시간을 아끼며

내가 할 수 있는 모든 것에 열정을 쏟으며 열심히 살았다.

힘들어도 앞으로는 더 좋아질 것이라 믿으며

어제는 울어도 오늘은 웃었다.

그러나 앞만 보고 달려온 지금은

어디로 가야 할지 몰라 허둥지둥 헤매는 꼴이다.

나 혼자 헤쳐나가기로 했을 때 포기한 것이 있다.

지금까지 힘들게 안고 왔던 것,

함께 가자니 힘들고 포기하자니 아까웠던 것.

그것을 마음에서 놓아버리니 속이 조금은 후련해졌다.

그것을 위해 지난 시간 많은 공을 들이고 투자했건만

결국은 이렇게 원점으로 돌아가는 중이다.

살면서 내가 정말 원하는 것이 무엇일까.

진정 내가 원하는 것을 발견한다면 오래도록 해나갈 수 있을까.

늘 그런 고민에 빠진다.

그렇다고 노력하지 않고 지레 겁먹는 것도 아닌데

마음이 왜 힘든지 모르겠다.

내가 가지고 있는 것들을 하나씩 놓아버릴 때

그 허전하면서도 후련한 마음.

이 마음이 언제까지 갈지는 모르겠으나

아무 생각하지 말고 빈 머리로

지금 이 시간을 견뎌내야 한다.

하루를 살아가는 내면의 힘이란

때론 속을 비우는 일이다.

꽉 채워서는 무거워져 얼마 가지 못하지만

가볍게 비우면 훌훌 날아갈 수도 있다.

갖은 일에 지쳐서 힘들 때,

어떤 도움도 받을 수 없을 때

머리를 비우고 마음을 비우고 움켜쥐었던 손을 펴고

나 자신을 받쳐줄 푹신한 스펀지를 찾아보자.

비록 그 스펀지를 꽉 짜면 눈물이 뚝뚝 쏟아질지라도.

- 2019. 1. 7. 블로그 중에서….

순간을 기록으로
남긴다는 것

"껍데기가 어떤지 신경 쓰지 않을수록,
알맹이를 채우는 데 노력을 기울일수록
성공의 가능성은 점점 커질 것이다."

    순간을 기록으로 남긴다는 건 어떤 의미일까. 살면서 무수히 많은 생각을 하는데 그 스쳐 지나가는 생각 중 과연 얼마나 건질 수 있을까. 흘러가는 대로 두지 않고 순간을 붙잡아야 하는 이유는 무엇일까.

    언제부턴가 떠오른 생각들을 메모하는 습관을 갖게 되었다.

꼭 글이라는 완성된 형태로 작성하지 않더라도 스마트폰 메모장과 일기장 등 어떤 형태로든 기록을 남기기 시작했다. 생각이 떠오를 때마다 바로 적었고 그러다 보니 가벼운 생각마저도 놓치기 싫었다. 먹고 자는 단순한 반복행동처럼 순간의 내 감정을 남겨내곤 했다.

대체로 자는 시간을 제외한 모든 시간에 수시로 적었다. 그러다 보니 고민거리뿐만 아니라 아이디어가 갑자기 떠오른 경우가 많았다. 이런 생각들을 무심코 흘려보내는 게 아까워졌는데 생각에 생각을 거듭하다 보면 분명 좋은 생각이 나오리라고 믿었기 때문이다. 결국 이 과정에서 내가 깨달은 사실은 생각은 생각을 탄생하게 만든다는 점이다.

한번은 그동안 적어온 일기장을 훑어보았다. 무척 오랜 시간 동안 적어왔는데 2017년도부터는 본격적으로 일기를 적기 시작했다. 일기장의 많은 글들 가운데 가장 눈에 띄는 반복된 생각이 보였다.

'나는 진정 무엇을 하고 싶은가', 이 질문이 무려 11번이나 나왔다. 매일 쓰진 않았지만 일기를 쓸 때마다 등장했던 질문이 바로 이 질문인 셈이다. 내가 원하는 것, 잘하는 것을 통해 살아갈 방안을 찾기 위해 참 처절하게도 고민했다.

물론 이 질문은 쉽게 얻어질 수 있는 답이 아니라 어쩌면 평생 고민해야 하는 문제일 수도 있다. 그래도 생각을 훑어내는 그 안에서 조금이라도 답을 찾으면 좋겠다는 생각을 했고, 그래서 마음이 조금 더 편해지면 좋겠다 싶었다.

적은 내용을 읽어보니 수많은 감정 가운데 대체로 속상하고 힘들고 고민되는 감정의 비중이 가장 컸다. 행복하고 기쁠 때보다 특히 힘들 때 누군가에게 넋두리하기보다 내 내면의 성찰에 더 집중했고 그런 과정이 필요했기 때문이리라. 그래서 더욱 처절하게 그 고민의 감정들을 적어내었던 건 아니었을까.

시중에는 메모 관련된 책이 참 많이 나와 있다. 저자의 메모 노하우를 살짝 들여다보면, 그들도 처음부터 완벽한 건 아닌 듯했다. 차곡차곡 그들만의 경험들이 쌓이다 보니 마침내 그들만의 무기가 만들어진 것이다. 일기도 메모와 마찬가지다.

많은 작가들이 일기를 쓴다는 이야기를 들은 적이 있다. 일기를 쓰면서 단순히 적는다는 업에서 벗어나 내면의 성찰로 얻은 결과물을 통해 그들만의 정신세계를 구축했다. 그들의 경우와 같이 우리들도 일기라는 도구를 통해 자신의 내면을 들여다보며 비춰볼 수 있는 경험을 할 수 있다.

돌아가신 할아버지는 평생 일기를 쓰셨다. 하루에 무슨 일이 있었는지 빼곡히 적으시는 걸 언뜻 본 기억도 난다. 평생 써오신 것을 보면 별다른 사건이 없어도 적는 것 자체에 보람을 느끼셨나보다. 그 일기장이 본인이 아닌 다른 사람에게도 소중히 다가올지는 모르겠다.

할아버지의 일기장을 생각하며 내가 남긴 것은 내 선에서 활용해야 그 진가를 발휘할 수 있겠다는 생각을 했다. 순간의 기록을 적어가는 일이지만 그 결과물은 내 인생의 영원한 기록으로 남는다는 사실을 나는 알고 있다.

『삶이 내게 말을 걸어올 때』의 저자 파커 J. 파머는 다음과 같이 말한다. '우리는 자기 내부의 소리만 빼고 그 밖의 곳에서 들려오는 말에는 열심히 귀를 기울인다고. 하지만 그럴 때일수록 우리의 인생이 들려주는 말을 잘 듣고 받아 적어야 한다'고 말이다.

내면의 소리를 잊지 않기 위해서는 수시로 기록해두는 방법이 가장 좋다. 사는 동안 감정은 외부에 쉽게 노출되기 때문에 생각 또한 변하기 쉽다. 그래서 진정으로 내가 원하는 것이 무엇인지 알고 싶다면 평소에도 내 내면에 귀를 기울여야만 한다.

기록으로 남기는 방법에 특별한 비법은 없다. 그저 떠오른 내 생각들을 진솔하게 적는 일이 가장 중요하다. 방해받지 않는 조용한 시간에 책상에 앉아 노트의 여백에 한 글자씩 써 내려갈 때, 정신없이 흘러가는 시간 속에서도 내 생각을 순간 포착할 때, 그때가 되어서야 비로소 내 생각이 보이기 시작하고 치유가 시작된다. 그 순간은 또한 내 생각의 발자취가 되기도 한다. 오롯이 내가 만들어가는, 나를 위한 순간이다.

당신도 내가 느낀 그런 군중 속 고요함을 느껴보면 좋겠다. 특히 자신만의 시간을 천천히 음미해가다 보면 이렇게 혼자 있는 것도 참 좋다는 걸 당신도 느끼게 될 것이다. 그러기 위해서는 어떤 형태로든 기록하는 시간을 갖는 게 좋다. 대수롭지 않게 생각되도 일단 쓰다 보면 그 글들이 언젠가 아주 유용하게 쓰일 때가 올 것이다.

이 세상에 고민 없는 사람은 극히 드물다. 그런 형태든, 그 크기가 어떻든 자신의 고민부터 써내려 가는 습관을 들인다면 삶은 분명 더 나은 방향으로 흐르게 될 것이라 확신한다.

적는다는 행위는 생각보다 효과가 무척 커서 복잡했던 머리가 하나둘씩 정화되고 물꼬가 트이기 시작하고 생각도 못했던 아이디어가 번뜩일 수도 있다. 나는 그 순간들이 정말 좋다. 그 래서 오늘도 더욱 신나게 적어내려 간다.

오늘 하루 휴가다.

그래서 오전 내내, 그동안 적어왔던 메모와 일기를 살펴보았다.

2012년부터 적어왔던 내 삶의 기록을 한 번에 바라볼 수 있었다.

나는 매일 한 일을 적었을 뿐이지만, 장기적인 관점에서 보자면

내 인생 목표를 향해 한 걸음씩 달려가고 있는 중이다.

내면의 기록을 토대로 미래를 재정립하는 시간을 가지려 한다.

당장 답이 보이지는 않겠지만 노력해야만 길이 생기니 계획이라도

세워봐야겠다.

지금은 여러 가지 상황으로 지치고 힘든 상태라 아직도 쉬고

있는 시기지만 내 성격상 가만히 있지는 않을 테니 곧 다시

일어날 것이다.

내가 하고 싶은 일, 가슴 뛰는 일을 찾아 직접 실행으로

옮길 때까지 그 과정을 포기하지 않을 예정이다.

시간을 효율적으로 활용해 삶을 준비하는 것이 현명한 길이다.

누구도 내 인생을 대신 살아주지 않는다.

내 열정과 열망은 '곧' 다시 살아날 것이다.

내 지금 고민은 단기간에 문제를 풀고 끝내는 고민이

아니다.

머리를 싸매고 매일 실랑이한다 해도 금방 풀리지 않을 수도 있다.

따라서 현재 일에 최선을 다하고 꿈을 향해 노력하고, 생각과

고민도 하며, 행복을 느끼는 마음이 필요하다.

인생, 너무 무겁게 살지 말자.

- 2019. 4. 1. 일기 중에서···.

능동적 삶으로 이끄는
가벼운 호기심

"오늘의 고민으로 결론은 얻었다.
인생은 모 아니면 도!
잘하는 짓인지 몰라도 일단 가보자.
이것이 오늘의 결론이다."

나는 호기심이 많은 편이다. 다방면으로 궁금한 것도 많고 호기심을 해결하고 난 뒤의 해결 방법이 생활에 도움이 된 적도 많다. 지적인 호기심이 왕성해 호기심을 충족할 방법을 고민했을 정도다. 호기심은 인생을 살맛나게 만들어주고 반복되는 일상 속에서 마음 한편에 열정의 불을 지피게도 만들어준다.

어떤 일에 호기심이 생긴다는 말은 그 일에 관심이 생겼다는 증거로, 더 자세히 알아보려는 지적탐구의 행동을 만들어낸다. 이 과정에서 나의 또 다른 직업이나 제2의 꿈을 발견할 수도 있다. 물론 그 순간이 한순간에 짠하고 나타나지 않는다. 오히려 그렇게 쉽게 나타나는 게 더 이상한 일 아닐까.

그렇다면 호기심의 결과들은 언제 표면 위로 드러나게 될까. 내가 시도하고 노력했던 모든 경험들이 총체적으로 쌓이고 쌓여 톱니바퀴처럼 서로 맞물려 생각지 못한 또 다른 결과를 만들어낸다. 나는 이것을 '톱니바퀴 경험'이라 부르는데 이것이야말로 호기심이 일궈낸 능동적 삶의 바람직한 결과물일 것이다.

성공한 사람들에게 발견되는 공통점 중 하나도 호기심이다. 그들은 때론 그들이 가진 호기심 때문에 주변으로부터 바보 취급을 받기도 했다. 그러나 그 호기심을 놓치지 않고 물고 늘어진 덕분에 살아생전 무언가를 일궈냈다. 만약 그들이 사람들의 비웃음 때문에 자존심이 상해 호기심을 놓아버렸다면 인생에 아무런 변화가 없을 것은 당연하고, 평범하게밖에 살지 못했을 것이다.

나는 내가 가진 호기심으로 어떤 결과를 이뤄냈을까. 호기심 덕분에 내가 얻은 가장 큰 결과는 내 꿈을 발견하고 그 꿈을 현실에 적용할 수 있는 결론을 냈다는 것이다. 3년 전, 단순한 호기심으로 시작해 찾은 정보에 매료되었고 실제로 그 정보가 나에게도 유효한 것인지 관련 담당자를 찾아 면담도 했었다. 하지만 안타깝게도 그 결과는 당시 내가 직장생활을 하고 있어 묻힐 수밖에 없었다. 당시에는 나도 다른 사람들처럼 미래의 꿈보다는 코앞의 현실이 더 급했기 때문이다.

직장생활에 만족해하고 즐기면서 다니는 사람은 극히 드물 것이다. 보통은 자신만의 꿈을 좇더라도 현실이라는 벽에 가로막혀 그 뜻을 제대로 펴보지도 못하는 사람이 대부분일 것이다. 그러나 미처 잊지 못하고 마음 한편에 남겨둔 내 꿈이 언제부터인가 스멀스멀 나의 내면을 뚫고 내 마음으로, 내 머리로 올라오기 시작했다. 언젠가는 이루고 싶다는 꿈에서 지금 이뤄야겠다는 계획으로 바뀠다. 지금이 바로 그 적기라는 확신이 들었다.

솔직히 지금 이 순간 내 꿈을 이뤘다고 단정 짓기는 어렵다. 어떻게 보면 이 과정 또한 더 높은 차원을 향한 하나의 과정일 수도 있다. 이뤘다는 평가를 내리는 건 훗날 인생을 되돌아보는 시점에서 하는 편이 맞다. 그렇다고 지금 내가 가진 짧지만 다양한 경험들을 가볍게 치부하고 싶지도 않다.

나는 직업으로 삼고 싶은 일들이 꽤 많았다. 물건 고치는 걸 좋아해 관련 자격증이 존재하는지 알아보기도 했다. 영어를 좋아했기에 유창하게 영어를 구사하며 업무를 보는 상상도 했었다. 악기를 다루고 있었기 때문에 관련 직업에는 뭐가 있는지 한참 찾아보기도 했었다.

다양한 세상에서 내가 살고 싶은 방향이 어떤 곳인지 끊임없이 탐구했다. 스트레스 없는 곳이란 존재하지 않겠지만 내가 조금 더 가치 있게 느끼는 직업과 일을 선택하고자 했다. 제아무리 관심사가 많아도 내가 하고 싶은 모든 것을 하면서 살 수는 없다. 한 가지로 방향을 정해야 하고 그 일에 집중해야 한다.

만능 엔터테이너와 한 가지 분야의 전문가, 당신이라면 어떤 쪽을 선택할 것인가. 나는 최소한의 가짓수에 집중하며 살고 싶다. 시간이 갈수록 문제를 해결하려는 내 체력과 정신력이 약해지는 게 느껴지기 때문이다. 그래서 내 선택은 한 가지라도 정확히, 제대로 하고 싶은 쪽에 있다.

한편 호기심을 부정적으로 바라보는 사람도 있다. 자신에게 갖는 호기심뿐만 아니라 외부환경으로 생겨난 호기심까지 이해하지 못하는 시선을 느꼈다. 그런 사람들은 마치 나를 오지랖 넓은 사람 보듯 한다. 조직생활을 하는 회사에서도 그런 경험을 했는데 '본인이 해야 할 일만 하면 되지 왜 다른 사람 일까지 관심을 가지느냐'고 오히려 나를 책망했고 그 말을 듣자니 내가 정말 잘못한 일인가 싶어 답답했었다. 그러다가도 이런 곳에서는 발전할 희망이 보이지 않겠다는 생각이 불현듯 들었다. 언젠가 나도 그런 생각을 갖고 현실에 안주하며 살게 되지 않을까 걱정스러웠다.

그곳에 계속 머문다면 내 성장과 만족이 채워지지 않고 꺽일 것이라는 생각이 들어 과감하게 뒤돌아 걸어 나왔다. 아니라고 판단되는 상황에 순응하며 만족하고 싶지 않았고, 내 성장과 만족을 위해 담금질하고 채찍질하고 싶었다. 무엇보다 그 일이 자신을 위한 일이라면 내면에서 우러나오는 호기심을 일부러 억제할 필요는 없다고 생각한다.

이 책을 읽는 당신도 당신 안에 자연스레 생겨난 호기심이라는 씨앗을 당신의 인생에 밑거름이 되도록 잘 키워냈으면 좋겠다. 호기심의 무게보다는 호기심을 어떻게 활용하느냐에 따라 앞으로 우리의 미래가 달라질 수 있다는 사실을 염두해야 한다. 윤정인 저자의 책『퐁당, 동유럽』에는 다음과 같이 호기심이 언급된다.

"가벼운 호기심이 느껴지면 우선 해 보는 것, 이게 중요하다. 하고 싶은 마음이 들면 진짜 원하는 건지 확실하게 체크하고 넘어가니까 진짜 내 것이 남았다. 내가 좋아하면서 잘 할 수 있는 일이 무엇일까 고민했다. 내 주도로 원하는 일을 하고 있어서, 삶이 굉장히 능동적으로 변했다."

나의 상황에 딱 맞는 말인, 이 문장이 굉장히 마음에 들어 노트에 적어두었다. 저자의 말대로 호기심이 느껴지면 일단 해 보는 일이 중요하다. 시도해 봐야 정말 내가 원하는 일인지 가려낼 수 있기 때문이다.

이십 대에는 다방면으로 여러 시도를 했었다. 경험은 누가 대신 해줄 수 있는 일이 아니었기에 일단 저질러봤다. 물론 그 시도에 비용을 들여야 할 때도 있었지만 정말 내가 하고 싶다면 과감히 투자했다. 물론 그런 내 모습을 지켜보는 엄마는 걱정을 하셨다. 당장 쓸모없어 보이는 일에 큰돈을 써서 푼돈으로 만들어버린다고.

하지만 그때의 그 일이 정말 잘못된 일이었을까. 지금이나 그때나 난 아니라고 생각했다. 물론 그때 쓴 돈을 모아 나중에 더 큰 일을 위해 쓸 수도 있었을 것이다. 그러나 그 당시 내가 최선이라 생각했던 일에 투자하지 않았다면 지금의 나는 없었을 것이다. 그때 내가 시도했던 모든 경험이 오롯이 지금의 내 행동을 결정하게 만들었기 때문이다. 언젠가 하게 될지 모를 후회 때문에 지금의 선택을 포기할 수는 없다.

경험만큼 중요한 건 없다. 만약 당신이 이것저것 관심을 갖고 알아보는 것들이 생겼다면 바라만 보지 말고 용기 내 한 걸음 다가갔으면 한다. 다양한 경험을 해 봐야 내가 조금 더 집중하고 싶은 일을 발견할 수 있다.

만약 발견했다고 생각된다면 늦은 밤보다 특히 새벽에 다시 한 번 생각해 보면 좋겠다. 새벽이라는 시간 속에서 이성적으로 판단했을 때도 내가 원하는 일이라 생각된다면 그 일은 완성도가 높아져 시도할 가치가 더욱 높아지기 때문이다.

원하는 것을 모두 하기엔 시간도 부족하고 범위도 한정적일 수밖에 없다. 따라서 호기심이 응축되는 새벽의 조용한 시간을 이용해 하루를 정리하고 나를 들여다보며 마지막에는 주체적인 삶을 도모할 수 있는 순간을 만들기 바란다.

만약 지금 힘든 시간을 보내고 있어 호기심조차 생길 여유가 없다면 일단 멈추고 쉬어보라고 이야기하고 싶다. 적절한 휴식은 몸과 마음에 평안함이 깃들게 만들어준다. 호기심도 어느 정도 마음의 안정이 돼야 잘 가꿀 수 있다.

능동적으로 산다는 건 힘듦에 짓눌려 끌려다니지 않고 내 마음이 허락할 때까지 여유를 부리며 기회를 찾아나서는 것이다. 언제라도 호기심이 안내하는 경험을 받아들일 마음의 여유와 용기를 비축해두어야 한다.

남들과 비교해 보았을 때 특출난 것이 없는,

말 그대로 평범한 나는 과연 어떤 시작을 해야 할까.

딱히 해결책을 찾거나 성공한 것은 아니어서

누군가에게 코칭한다는 것은 어려운 일인 것 같다.

나만의 이야기로 인생을 진행한다면 어떨까.

조금 더 주체적이고 능동적으로 인생을 살고 싶다.

열심히 최선을 다해 바쁘게만 살면 되는 줄 알았는데 그게 다는

아니었다.

그 안에서 행복과 만족을 찾고 자아를 찾아야 한다.

그런 이유로 이번 주말은 나에게 가장 의미 있는 시간이 될 것이다.

그 시간을 통해 새로운 기회를 얻어 새로운 인생을 시작하게 될

것이기 때문이다.

나는 반드시 성공한다. 그리고 행복해진다!

- 2018. 7. 6. 일기 중에서···.

가지치기
프로젝트

직장생활을 할 당시, 내 재능의 열정을 어떻게 표출할지가 늘 고민이었다. 내가 하고 싶은 일을 분명 좋아하기도 했고, 누군가에게 지도를 받으면 잘할 자신도 있는데 그럴 기회가 생기지 않아 답답한 하루하루였다. 내 안의 무언가를 겉으로 끄집어내기가 쉽지 않았고 시간도 상당히 오래 걸렸다.

무엇보다 하고 싶은 일에 어떤 준비도 되어 있지 않으니 현실을 외면하고 그 흐릿한 꿈만 따라가기엔 불안했다. 여기서 준비는 마음의 준비뿐 아니라 그 일을 행동으로 옮기기 위한 주변 상황 정리다. 제아무리 돈 버는 일이 살면서 필요한 우선순위라 해도 그것에만 너무 급급하다 보면 내 안의 열정이 어느새 식어버릴지 모른다는 생각에 초조해지기 시작했다.

너무도 간절한 마음에 내 꿈을 일기장에 구구절절 적었던 날도 있지만 바쁜 업무가 계속되면 상대적으로 소홀해진 적도 많았다. 그러니 한참 동안 그 불씨를 마음속에 머물게 할 수밖에 없었다.

그렇게 또 다른 삶의 동경과 현실 사이에서 고민하던 중, 내 재능을 일과 접목할 방법이 분명 있을 거라는 지인의 조언이 문득 떠올랐다. 그 말로 인해 내 삶이 일부분 변했다. 나에게 조언을 해준 그녀는 필라테스 센터를 운영한다. 지도자를 가르치면서 다방면으로 활동하고 있는데 거의 매일 늦게 퇴근하고 주말에도 쉬지 않고 일한다고 했다. 힘들지 않느냐 물었더니 좋아서 하는 일이라 일 겸, 취미 겸 한다고 했다.

그 말을 듣고 내 재능을 직업과 연계해 살아볼 방법을 찾는 일이 절실해졌다. 그렇게만 된다면 그녀처럼 더 즐거운 마음으로 일할 수 있지 않을까 싶었다.

그런 고민을 하다가, 예전 내 메모에서 실마리를 찾아보기로 했다. 2017년 10월 어느 날, 어느 책에선가 '가지치기 프로젝트'의 내용을 읽었다. 전체 내용은 기억나지 않지만 인상 깊은 일부를 간략하게 적어놓았었다. 그 메모는 현재의 일을 하면서 관심 있는 새로운 일을 시도하라는 내용이었다. 현재와 미래의 교집합을 통해 순간을 발견할 수 있다면 그것이야말로 큰 행복이지 않을까.

'Plan B'라는 용어를 많이 들어보았을 것이다. Plan A가 성공하지 못했을 때의 대안을 설명한 것으로, 이 Plan B를 고르는 기준은 세 가지가 있다고 한다. 첫 번째는 내가 할 수 있는 분야인지, 두 번째는 그동안 하고 싶었던 일인지, 세 번째는 돈을 많이 벌 수 있는 일인지다.

물론 이 세 가지 기준을 100% 모두 꽉꽉 채울 수는 없다. 만약 그 가정이 가능하다면 이미 plan이 아니라 현실이기 때문이다. 이 세 가지 조건 중에서 내가 원하는 일이 어느 조건에 가장 잘 맞을까 생각해 보았다. 솔직히 돈벌이는 잘 모르겠다. 워

낙 다방면으로 경쟁이 치열한 사회에서 숨구멍 찾기란 힘드니까. 그렇지만 몇 년 동안 하고 싶던 일이고, 배울 수만 있다면 할 수 있는 분야라고 생각했다. 무엇보다도 하고 싶던 일이라는 것에 초점을 맞추고자 했다.

Plan B를 고민하던 중 비슷한 용어를 발견했다. Plan A+, Plan B+가 그것이었다. 비슷해 보여도 나름대로 의미가 있는데 Plan A+는 A와 관련된 직업을 나타내고, Plan B+는 자신이 좋아하고 관심 있는 분야의 직업을 나타낸다고 한다.

용어가 어찌되었든 수많은 고민의 시간과 이런 정보들을 찾아가는 과정을 통해서 내가 관심을 가지고 원하던 일을 발견할 수 있었다.

처음부터 원하는 일을 발견해 곧바로 시작했더라면 시간과 에너지를 절약할 수 있었겠지만 세상살이가 어디 마음처럼 쉽게 풀린단 말인가. 그럼에도 스스로에게 칭찬하고 싶은 부분이 있는데 빙빙 돌아가도 내가 원하는 일을 위해 끊임없이 고민하고 발로 뛰어 결국에는 찾아냈다는 점이다.

하지만 30대에 새롭게 시작하기란 다소 늦어보일 수도 있다. 특히 부모님이 보시기엔 말이다. 그러나 100세 시대를 사는 지금, 한 곳에서 끝까지 정착하기 어려운 현실이 되었다. 그렇기에 스스로 만족하면서도 오래도록 할 수 있는 일이 무엇일까를 두고 고민했고 그 길을 내 방식대로 찾은 것이다.

사실 내가 계획한 일이 어느 단계에까지 도달할 수 있는지는 아직 불확실하다. 어느 선까지 계발하고 만족해야 하는지는 그 세계에 진입한 뒤에도 분명 고민의 순간으로 다가올 것이다. 그만큼 앞날을 예측하기 어렵겠지만 마음이 있고 열정이 있는 한 그 길은 내 길이 될 것이라 믿고 있다. 그동안의 내 경험을 미루어보았듯 끊임없이 생각하고 바라고 노력하면 길이 생겨났기 때문이다.

이 책을 읽는 독자들도 나와 같은 방법으로 자신이 진정 하고 싶은 일을 찾을 수 있다. 만약 지금 발 담그고 있는 현실을 던져버린다 해도 온전히 내 꿈을 시작할 수 있다면 어쩌면 내가 말한 고민의 시간은 필요 없다. 그러나 내 경험상 새로운 도전은 갑자기 생겨나지 않았다. 기존의 일을 통해 얻은 생각과 결과에서 또 다른 일이 파생되어 나타났기 때문이다.

현실에서 조금 벗어난 세계에 발을 들이는 일에 주저하지 말자. 사람마다 타고난 재능은 서로 다르고 설사 재능이 없다

해도 비관할 게 아니라 시간을 더 투자해 곰곰이 생각의 시간들을 가지면 하고 싶은 일이 떠오를 수 있고 그것을 통해 자신도 알지 못했던 또 다른 재능을 발견할 수 있을 것이다. 그리고 이런 방식으로 나가야 새로운 일을 시작할 때 금전적인 면에서 덜 불안할 수 있다.

나는 이런 가지치기 방법에서 재능과 열정이 가장 중요한 요소라고 생각한다. 재능이 있는데 열정이 없거나, 열정만 있고 재능이 없는 건 현실에서 이뤄지기 힘들기 때문이다. 이 두 가지 요소가 결합해야 이 프로젝트를 성공적으로 완수할 수 있다고 믿는다. 가지치기는 이렇게 우리의 삶을 더욱 풍성하고 실속 있게 만들어준다.

본인의 한계를 뛰어넘는다는 건 결국 생각만 하고 행동해보지 않았던 것들에 내 삶을 이어보는 것이다. 당신도 하나뿐인 당신의 인생을 위해 스스로를 뛰어넘어야 한다.

〈자기 마음속의 이상을 꿈꾸고 나아가자〉

『갈매기의 꿈』의 조나단은 갈매기로서의 본분을 잊지 않았다.
그러면서도 마음속의 이상을 향해, 더 높이 날아오르기 위해
고군분투했다.
이러한 조나단은 지금의 내 모습과 비슷해 보였다.
현재의 생활에 안주하며 살아가는 것이 아니라
어쩌면 더 높고 풍성한 삶을 살기 위해 힘들어하는 내 모습을
반영한 것만 같다.

인생을 왜 사는가, 어떻게 살 것인가, 무엇을 하면서 살 것인가.
살아지는 대로 살다 보면 이런 질문들에 진지하게 고민하고,
생각하고, 결정하기 힘들어진다.
지금의 생활은 최소한으로 배분하고, 자아를 더욱 발전시키기 위해
매일 고민하는 과정을 거쳐야만 더욱 성장할 수 있다.

"나는 내가 공중에서 할 수 있는 것이 무엇인지, 할 수 없는 것이
무엇인지를 알고 싶을 뿐이에요."
조나단의 말처럼 현실에 안주하지 않고 본인의 한계를 뛰어넘기
위해 시도하는 노력 그 자체가 중요하다.
특히 경험은 직접 부딪치며 겪어봐야 나에게 맞는지 알 수 있다.

- 2019. 1. 30. 블로그 중에서···.

나, 지금
살아있는가

"그래도 하루에 조금씩 나아갈 수 있는 이유는
반드시 도착지점이 있고 빛을 발하리라는
희망과 기대가 있기 때문이다."

요즘 서점을 가면 인생을 살며 고뇌하는 내용의 책을 여러 권 볼 수 있다. 그만큼 현실과 우리의 삶이 각박하고 고단해졌다는 걸 느낄 수 있기에 마음이 좋지 않다.

당신은 삶에 어떠한 의미를 두는가. 나는 종종 '왜 살고 있나'라는 생각이 들 때가 있다. 살아있다는 건 뭘까. 그저 부모

에게서 태어나 목숨을 부지하는 일차원적인 생각보다는 정신
적으로 깨어있는 것에 의미를 두고 싶다.

바쁘게 살다 보면 내가 잘살고 있는 건지 궁금할 때가 종종
생긴다. 그 전에 제3자의 눈으로 나라는 사람을 조목조목 살펴
보고 싶은 마음이 드는데 그럴 때일수록 나를 챙기고 돌아보
는 시간을 가지려 애쓴다. 그런 생각들이 나를 파고들 때 내가
하게 되는 건 지금의 내 마음 상태를 글로 표현하는 것이다. 살
아지는 대로 사는 것이 아니라 나를 꼭꼭 챙겨가며 살고 싶은
마음에 하루의 색깔을 남겨 놓는다고 보면 될 것 같다.

살아있는지 안부를 묻기 위해서는 왜 살아야 하는지를 먼저
답해야 한다. 법륜 스님의 말씀으로는 이 질문에 답할 수가 없
다고 한다. '삶'이 '왜'라는 생각보다 먼저이기 때문이라고 한
다. 살고 있어서 생각하는 것인데 왜냐고 물으니 답이 나올 수
없다는 뜻이다.

너무 심오하게 받아들인 것일까. 더 쉽게 생각해 보면 왜 사
냐고 묻는 대신 오늘을 행복하게 사는 방법을 생각하라고 스
님은 말씀하신다. 때론 인생을 단순하게 살 필요가 있다. 더 잘
살아보겠다고 파고들다 보면 오히려 복잡해져서 지칠 때가 있

기 때문이다. 짧고도 긴 인생을 살며 목표 설정을 하는 건 나를 살아가게 만드는 힘이 된다.

한동안 회사의 잦은 조직 변화로 꽤 많은 에너지를 필요로 했다. 심적으로 너무 힘들었는데 그러다 보니 목표 또한 사라지고 말았다. 아니, 사라져버렸다기보다 생각할 여유조차 없어졌다는 게 더 어울리겠다.

목표가 있어야 열정이 솟아나고 가슴이 뛰는데 그렇지 못해 거의 반송장 상태나 다름없었다. 가슴속 뜨거운 무언가가 식어버리니 앞으로 어떤 방향으로 살아야 할지 고민이 되기 시작했다. 이렇게 사는 게 맞나 생각해 보다, 문득 내 안의 열정을 떠올려보았다. '열정'이라는 단어는 나의 전작 『새벽 5시』에서도 여러 번 언급했을 정도로 내가 중요하게 생각하는 요소 중 하나다.

'내가 하는 일 자체만으로 가슴이 뛰고 행복을 느끼는 삶을 언제쯤이면 살 수 있을까?' 이 질문을 늘 달고 살았다. 나는 죽기 전에 이런 삶을 살 수 있을까. 한 가지 분명한 사실은 내가 다니던 직장에서는 그런 삶이 불가능하다는 걸 경험으로 결론 내릴 수 있었다. 더 자세히 말해 회사일 만으로는 기쁘게 살기 어려웠다.

어찌 보면 앞으로 내가 가야 할 흐릿한 길보다 내가 걸어온 선명한 길의 구렁텅이가 너무 위험해 앞으로 나갈 수밖에 없는 것과 같았다. 그래서 더 악착같이 새로운 길을 찾으려 했고 지금 내가 살아 숨 쉬는지 확인하기 위해서라도 그 길을 찾아내야만 했다.

내가 원하는 일을 하면서 능률이 오르고 만족을 느끼며 사는 삶, 그런 행복을 느끼는 인생을 살길 바랐다. 그런 고민 덕분에 다행히 내 갈 길을 찾아냈다. 진입한 지 얼마 되지 않아 아직은 그 길에 어떤 게 나타날지 모르지만 온통 복잡한 검은 생각 덩어리들로 가득 찼던 내 머릿속이 요즘은 한결 맑아졌다.

죽기 전에 꼭 해 봐야 한다고 생각하는 것들은 결국 평소에 이루기 힘들다는 사실을 전제로 한다. 그렇다면 어떻게 해야 할까. 지금이라도 당장 실행 계획을 세우고 하루라도 빨리 시도해야 한다. 지금처럼 글을 쓰면서 내 생각을 정리하고 고민하며 찾아내야만 한다.

당신도 나처럼 지금 삶에 회의를 느낀다면 잠깐 걸음을 멈추고 가진 짐을 꺼내 재정비해야 할 때임을 알아차려야 한다. 비록 머리가 마음보다 지배력이 더 강하다고는 해도 무엇이 당신 가슴을 뛰게 만드는지 찾아야만 한다.

하려는 의지가 인생을 얼마나 행복하게 만드는지 모른다. 나를 움직이게 만드는 것도 바로 의지다. 그 의지로부터 열정이 샘솟아 난다. 당신은 이 사실을 아는가. 간절히 바라는 마음도 열정이 있어야 생긴다는 것을. 꾸준히 바라야 이뤄지기 때문이다.

내 정신을 가다듬기 위해 한동안 영성 관련 책을 여러 권 사서 읽었다. 내용이 난해하기도 하고 심오하기도 해서 대중적으로 인기 있는 편은 아니다. 그렇지만 꼭 한 번쯤은 읽을 가치가 있는 책이라고 생각한다. 그 책들을 관통하는 핵심주제는 이미 이뤄졌다고 믿어야 한다는 점이다. 이는 소망하고 바란다는 것의 정체성을 다시금 일깨워주는 반증일 것이다.

이처럼 내면의 변화를 느끼고 내 안의 열정을 확인함으로써 '살아있음'을 확인할 수 있다. 이 글을 읽고 있는 당신도 스스로에게 안부를 묻고 정리하는 당신만의 새벽 시간을 가질 수 있다면 좋겠다. 그것은 우리가 잘 살기 위한 기본 과정이자 느낄 수 있는 즐거움이다.

나는 지금 정말 살아있는가. 죽지 못해 억지로 사는 것은 아닌가. 아니면 지금을 살기 위해 어떤 마음의 안녕을 바라고 있는가. 그리고 당신은 어떠한가.

<나는 현재를 살아가고 있는가>

나는 과거·현재·미래 중 어느 곳에 머물고 살고 있는가?
예전에는 과거의 경험에 지나치게 연연해 실패할지도 모르는
일은 다시 시도조차 하지 않았다.

연말이 되면 새해를 위해 다이어리를 준비해 해야 할 일, 하고
싶은 일 등을 월별로 나누어 계획을 세운다.
미래를 낭비하지 않고 알차게 살기 위한 일련의 노력 과정이다.
그렇다면 현재를 어떻게 살아가고 있는가.
과거의 경험을 발판 삼아 미래의 내가 성공하게 만들기 위해
'최선을 다해 노력' 한다.
그렇게 생각한다면 어쩌면 과거보다는 미래의 비중이 더
크다고 생각할 수 있겠다.

지금을 산다 해도 과거의 경험과 미래의 대책을 무시할 수는
없다.
현재라는 범위에서도 과거, 미래, 어느 쪽에 더 치우쳐 살아가는가.
나는 정신적 존재로서 현재를, 지금을 살아가고자 한다.

그래서 나는 지금, 이 자리에서 최선을 선택해 결국에는 행복함을
느낄 수 있도록 노력하고 있다.

하지만 그 일은 생각보다 어렵다는 것도 깨달았다.

내가 가진 것과 머물던 곳을 포기해야 했으니까 말이다.

- 2019. 4. 27. 블로그 중에서···.

3부

심연에서
나를 들여다보는 시간

귀를 기울인다는 것은 무엇인가.
어떤 것을 자세히 알아보기 위해 자신을 낮추는 행동이다.
저 밑바닥 깊은 곳으로 들어가 살펴봄으로, 한 번뿐인 인생에서
내가 추구하려는 것이 무엇인지를 깨닫는 행위다.
고독하지만 외롭지 않은, 당신 인생에서
유일하게 당신만이 할 수 있는 일이다.

내면의 기록
돌아보기

"32살, 아직도 무엇을 해야 좋을지 고민한다니,
틀린 걸까? NO!
오히려 안주하지 않고 발전하는 과정이니,
좋은 게 아닐까? YES!"

'기록하지 않는다면 존재하지 않는 것이다'라는 말이 있다. 기록의 위력을 나타내는 말로, 『자기경영노트』에서 공병호 저자는 복잡한 상황이나 마음일 때 펜을 들어 생각을 적어보라 말한다. 적는다는 행위는 물리적 행동 이상의 의미가 있다고 한다. 특히 마음을 잡기 힘들 때, 해야 할 일을 마음처럼 쉽게 시작하지 못할 때, 여러 가지 일 중에서 무엇을 먼저 시작해야 할지 모를 때 효과적이라고 한다.

나 역시 기록하는 그 자체만으로 내 정신이 바로 서고 무게 중심이 잡히는 느낌이 든다. 실제로도 종종 그렇게 느끼기 때문에 나에게 기록하는 일이란 일종의 치유과정이라고 생각할 수 있다. 생각만 해도 골머리 아픈, 복잡하게 꼬여버린 문제들을 차분하게 글로 풀어냄으로써 머릿속을 정리하고 비울 수 있기 때문이다. 머릿속에서 움켜쥐고 있던 문제들을 글에 양도하는 셈이랄까.

언제부터인지 모르겠지만 수시로 어디에든 적는 습관이 생겼다. 짧게는 한 줄, 길게는 몇 페이지까지 넘어가는 내 생각의 흐름들을 당장 어딘가에 붙들어 적어놓지 않으면 당시 어떤 생각을 했었고 어떤 심정이었는지를 잊어버리기 때문이다. 대수롭지 않은 습관 같지만 적는다는 건 내가 살아온 시간들을 돌아보고 기억해내는 데 아주 효과적인 방법이다.

언제 한번은 유서를 써보았다. 유서는 죽기 전에 남기는 일종의 유언이지만, 유언의 특성상 내가 진정으로 절실하게 원하는 것이 무엇인지를 들여다볼 수 있을 기회라고 생각해 언젠가 꼭 한 번쯤은 해 보고 싶었던 일이었다. 아무리 일기를 쓰고 정리를 해 보아도 내가 쓴 생각에 깊이가 있다고 느껴지지 않았기 때문이다.

충동적으로 적었다기보다 마음을 차분히 가라앉히고 난 뒤, 인생의 끝자락에 도달했다고 생각하고 적어내려 갔다. 내 인생에서 순수한 마음과 함께 깊이 있는 무언가를 발견하고 싶었다.

처음 생각과 달리 유서는 끝까지 제대로 마무리 짓지 못했다. 쉽게 생각하고 시작했던 글이 막상 마무리 단계에 이르자 어렵게 느껴졌기 때문이다. 인생의 마지막 순간에 바라본, 그동안 살아온 내 삶을 어떻게 마무리하면 좋을지 생각나지 않았다. 그리고 당시의 힘든 상황들이 오버랩되어 눈물이 앞을 가렸다.

당연한 말이지만 나는 아직 인생을 모른다. 그렇기에 조금이라도 더 제대로 알기 위해 노력했고 또 생각했다. 하지만 그러기 위해 내가 택한 유서라는 형식은 그 특성상 감정을 다소 극단적으로 몰아가게 만들어 우울한 감정이 생길 수 있겠다 생각된다. 단지 나는 나의 내면을 표출할 수단으로 유서라는 도구를 선택했을 뿐인데 말이다.

하지만 미완에 그친 작업임에도 불구하고 유서의 효과는 생각 이상이었다. 정리되지 않아 복잡한 심경을 세세히 표현해내는 것도 정말로 진지하지 않으면 할 수 없는 일이다. 요즘 세상은 더구나 복잡하고 정신없지 않은가. 그런 세상이기에 더욱 온전히 자신을 들여다볼 시간을 갖지 않으면 자신의 정체성을 발견하기 힘들다.

저자 파커 J. 파머는『삶이 내게 말을 걸어올 때』에서 "당신이 인생에서 무엇을 이루고자 하기 전에, 인생이 당신을 통해 무엇을 이루고자 하는지에 귀 기울여라. 당신이 어떤 진리를 구현하고 어떤 가치를 대표해야 할지 인생이 들려주는 목소리를 들어보아라."고 말했다.

인생이 들려주는 소리란 내면의 부름의 소리일 것이며, 이것은 내 인생의 목소리인 '소명'이라고도 할 수 있겠다. 꼭 종교적인 측면이 아니라도 우리는 자신이 가진 소명을 알아차리기 위해 노력해야 한다.

유서가 아니라도 우리는 우리의 인생을 가끔 뒤돌아보는 시간을 가져야 한다. 속도가 중요한 이 시대에 앞만 보고 무작정 달려가는 것도 좋겠지만, 한 번씩 뒤돌아보며 내가 달려가다

놓친 것은 없는지 주의 깊게 살펴볼 필요가 있다. 속도에만 집중하다 보면 정작 빈껍데기의 나만 남게 돼 노년의 나는 분명 땅을 치고 후회하게 될 게 분명하다.

그동안 살면서 지금처럼 내 내면을 깊고 유심히 들여다본 적이 없다. 생각은 수없이 많이 했지만 그 생각을 글로 적고 생각하고 또다시 생각해 보는 과정은 지금껏 없던 작업이었다. 그래서 지금 이 글을 써 내려가는 이 순간이 더 더욱 잊지 못하는 순간이다.

이 과정은 마치 한없이 넓고 깊은 웅덩이를 바닥끝까지 들어갔다 퍼 올리는 듯한 느낌이다. 평소에는 수면에서 살랑이는 감정만을 가지고 물의 흐름을 판단했다면, 이번만큼은 나조차도 알지 못했던 깊은 미지의 심연의 세계에 발을 담근 기분이다. 하지만 형체가 없는 생각만 거듭하다 보니 정신 활동이 꽤 어려웠고 복잡했다. 이토록 깊고 넓게 나를 생각해 본 적이 있었던가.

힘든 만큼 그 상태에서 건져 올린 나의 생각들은 그 무엇과도 바꿀 수 없는 값진 것이 되었다. 일상생활에서는 쉽게 발견하기 힘든 생각이니만큼 그 생각들은 확고부동해 어느 누구도 쉽게 건드릴 수 없는 부분이며, 쉽게 흔들리지도 않을 것이다. 어쩌면 다른 것들을 포기하고라도 내가 소중히 만들어낸 내 생각들은 인생 마지막 순간까지 가져갈 값진 선물이기도 하다.

죽음을 생각하면 삶의 자세가 달라진다. 매일 하루를 보내며 살아가는 일상이지만 그런 날도 죽음 앞에서는 숙연해지기 마련이다. 사람들이 죽기 전에 하는 공통된 후회 중 하나가 바로 '하고 싶었던 일들을 해 볼 걸'이라고 한다. 생각에 그치지 않고 실제로 행동으로 옮기는 일이 그만큼 어렵다는 것을 의미하는 말일 거다.

나 역시 언젠가부터 삶은 다시 되돌아오지 않는 한순간이라는 것을 깨달았고, 그렇기에 지금 이 순간조차 내게는 매우 귀한 존재라는 것을 알고 있다. 잘 죽는 웰다잉(Well-dying)이 결국은 잘 사는 웰빙(Well-being)인 것이다.

미치 앨봄 저자의 책『모리와 함께한 화요일』에서처럼 인생은 perfect day였고 마지막 순간에 good bye 할 수 있도록 살아 있는 순간은 매 순간 늘 꼭꼭 씹어서 챙겨야 한다.

제대로 살기 위해 죽음까지도 생각해 보았지만 결국 죽음을 생각함으로써 비로소 삶을 선택하게 되는 중요한 순간을 경험했다.

이쯤에서 당신에게 부탁하고 싶은 말이 있다. 바로 내면의 소리를 들을 시간을 가져보라는 것이다. 사람은 누구나 자신이 하고 싶은 일을 하면서 행복할 권리가 있다. 그러나 마음대로 안 되는 것도 인생이라고, 싫지만 어쩔 수 없이 포용하고 받아들여야 할 때도 있다. 원한다고 해서 모든 것을 다 내 마음대로 할 수는 없다. 내 뜻대로 모든 일이 잘 풀리기만 한다면 애당초 고민 같은 건 생겨나지도 않았을 것이다.

특히 지금을 살아가는 청년일수록 자신을 정확히 꿰뚫어볼 수 있는 충분한 시간을 가져야 한다. 그들은 이제 막 기성세대들이 만들어놓은 주입식 교육에서 벗어나 자신의 의지대로 생각대로 살아갈 단계에 놓여있다. 어쩌면 스스로 인생을 설계하고, 살면서 무엇을 해야 할 것인지를 정하는 게 훨씬 더 어려운 일일지 모른다.

그러나 자신의 내면에서 꿈틀대는 욕망의 소리를 따라 한 번쯤은 따라가 볼 필요도 있다. 정신적인 부분이라 집중하기 어려울 수도 있는데 그럴 때 필요하고 도움을 주는 게 바로

'기록'이다. 매일은 아니라도 저축하듯 꼬박꼬박 내 내면을 기록해둔다면 혼란스러운 세상에서 내 감정들이 자리를 잡지 못하고 떠다니는 것만 같은 때 아주 유용한 매뉴얼로 그 책임을 다할 것이다.

지금부터 나는 내 인생을 돌아보기 위해 유서를 남긴다.

언제 죽을지 모르지만 지금 이 글을 남김으로써 내 삶을 돌아볼

기회를 만들려 한다.

특히 이 글로 20대 중반부터 30대 초반인 지금까지의 내 심정

변화를 일부 들여다볼 수 있을 것이다.

그동안 한 번쯤은 써 보고 싶었는데 단순히 허무맹랑한 소리가

아닌, 이 글을 통해 내가 왜 죽음에 이르게 되었는지를 세세하게

밝혀줄 수 있을 것이라 생각한다.

하지만 막상 한 자 한 자 적으려 하니 두려움과 여러 가지

생각들로 인해 손가락이 잘 움직여지지 않는다.

그러나 이 글을 적어야만 지금의 내 상태에서 조금이나마

벗어날 수 있을 것 같은 생각이 든다.

그렇지 않다면 우울한 상태에서 벗어나지 못하고 또 끝도 없이

헤맬 것만 같기 때문이다.

- 유서 일부분 중에서···

알맹이를 채우는 데
노력 기울이기

"지금 내가 하는 고민은 단숨에 풀어내고 끝낼 고민이 아니다.
머리를 싸매고 매일 실랑이해도 금세 풀리지 않을 고민이다.
그러니 마음의 여유를 갖고 고민하자."

몇 년 전 1인 창업을 준비하기 위해 관련 내용을 찾아 공부한 적이 있다. 내가 가진 지식을 사람들과 공유해 소득을 얻는 메신저의 삶을 살기 위한 도전이었다. 비록 전공은 하지 않았지만 오랫동안 공부하며 쌓아왔던 것들을 많은 이들과 공유하려 했다. 그 콘텐츠들을 모은 책이 내 첫 번째 책이 됐다.

메신저는 도움을 필요로하는 이들에게 관련 내용을 코칭해 그 대가로 수익을 얻는다. 그 당시 내가 가진 콘텐츠로 누군가를 가르치기보다는 그저 내 방법을 널리 공유하고 싶은 마음뿐이었다. 그러나 그 주제를 바탕으로 책을 쓰고 나자 나는 그 내용을 가르치는 역할밖에 하지 못했다. 시간이 흐를수록 그 방법은 내가 원했던 방식이 아니었음을 깨닫게 되었다.

물론 처음 가는 길이었기에 그곳에서 조금 더 깊이 파고들었다면 지금쯤 내 미래가 어떻게 변했을지 모르겠다. 처음부터 다들 그렇게 시작한다지만 왠지 마음이 끌리지 않았다. 그 길로 계속 나아가려고 생각하니 오히려 더 막막하고 불안해졌다. 이 삶이 과연 내가 원하던 길인지 회의에 빠졌고, 계속 이 길을 지속할 경우 다니던 회사를 그만둬야 하는 문제에 봉착했기에 더욱 신중할 수밖에 없었다.

당시 나와 함께 일을 시작했던 동료 중 일부는 느리거나 빠르거나 개의치 않고 자신의 페이스대로 조절해 일단 시작하는 쪽을 택했고 지금도 그 사업을 잘 유지하고 있다. 그 모습을 보고 있으면 그 무리로부터 발을 뺐으면서도 허탈감을 느끼곤 했다. 스스로 원해서 중단한 일이지만 가끔씩 열정을 불태웠던 그때의 내 노력을 생각하면 콘텐츠 때문이라기보다 내 노력이 아까워서 힘이 빠지곤 한다.

그러나 사람은 저마다의 인생이 있으니 그 결정 또한 내 길이며, 내 인생이라는 걸 받아들이려 했다. 어느 한 분야에서 한 번에 잘 풀리는 사람이 있는 반면, 여러 분야에 도전해 자신에게 맞는 하나를 발견하는 사람도 있을 것이다. 그러니 만약 주변 사람과 자신을 비교하고 있다면 자책할 필요 없다.

나는 지극히 솔직한 성격이라 나를 과대포장하는 걸 못 견뎌 한다. 요즘 세상이 자기 PR 시대라고는 하지만 나를 과하게 포장해 홍보하려니 내키지 않고 내 마음도 이내 불편해졌다.

내 성격대로 하면, 능력을 충분히 갈고닦은 뒤 진심과 성심을 보태 상대에게 전달하는 방식이 더 맞다. 사실 이 말에는 '능력이 된다'는 기준을 어떻게 바라볼 것인지 애매한 부분도 없지 않다. 그리고 시각적으로 확인 가능한 요소가 있지 않는 이상 드러내려는 행동도 홍보의 일부이기 때문에 내가 원했던 '진심과 성심을 보태 상대방에게 전달하는 방식'과는 어울리지 않았다. 그래서 조언 정도의 수준에서 벗어나 사람들을 코칭해 수익을 얻는다는 일 자체가 당시 내게는 시기상조라는 생각이 들었다.

지금에 와서 생각해 보면 당시에 그 일이 내가 정말로 하고 싶은 일이었다면 다소 준비가 부족했어도 당장 시작했을 것 같다. 그런데 애당초 콘텐츠 자체가 마음에 들지 않았고 책 또한 출판하고 싶은 생각이 들지 않았다. 두려운 마음도 들었고 그래서 준비하던 모든 일들을 접었다.

하지만 지금 다시 생각해 보면 그때 그렇게 과감히 내린 결정은 정말 잘한 일이라고 생각한다. 자칫하면 그 일에 발목을 잡혀 영영 헤어나기 힘든 상황이 됐을 수도 있었기 때문이다. 물론 1인 사업 자체를 접은 건 아니다. 그 과정에서 내가 무엇을 원하는지 발견했고 그걸 바탕으로 다시 시작할 계획이다. 그 과정에서 알맹이를 건져 올린 셈이다.

나는 일단 맡은 일은 끝까지 깔끔하게 처리하려 노력하고 실수도 용납하기 어려워한다. 그리고 무슨 일이든 처음부터 차근히 배워 기초부터 쌓으려 한다. 가끔 관심 있는 일에 먼저 덤비는 경향도 있지만 나름대로 계획을 세워 사전 조사부터 하는 성격이다.

부모님은 이런 내 모습을 보시고 모든 일에 관심을 둔다고 하지만 나는 나와 상관없는 일에는 결코 관심을 두지 않는다. 오히려 지금 관심 있어 하는 일이 당장은 쓸모가 없어 보인다 해도 그 일이 미래의 어느 행동과 맞물려 시너지를 발휘할 것이라는 걸 안다. 그래서 지금 당장 결과가 좋지 않아도 그 일은 앞으로 내가 할 일의 단단한 대들보 역할을 충실히 할 것이란 걸 믿는다.

그렇기에 더욱 겉치레보다는 실속이 더 중요하다는 걸 뼈저리게 느끼고, 어느 정도의 포장도 중요하지만 내 실속이 먼저 차 있지 않으면 소용없다는 생각을 갖게 되었다.

그래도 가끔은 딜레마에 빠질 때도 있다. 치고 나갈 것인가 아니면 조금 더 때를 기다릴 것인가를 두고 말이다. 하지만 일단 하기로 마음먹고 결정했으면 치고 나가야 한다고 생각한다. 우물쭈물하다가는 아무것도 할 수 없기 때문이다. '우물쭈물하다가 내 이럴 줄 알았다'라는 조지 버나드 쇼의 묘비명처럼 말이다.

겉치레, 사실 나쁜 것만은 아니다. 내면을 표출하기 위해서는 잘 매만져 홍보할 줄도 알아야 사람들이 나라는 사람을 알아 줄 수 있다. 다만 결혼식보다는 결혼생활에 더 초점을 맞춰 준비해야 하듯, 인생도 실속이라는 '속'에 더 치중해야 한다.

무분별한 비교와 잣대 속에서 원래의 나를 잃어버릴 만큼 나를 부풀린다면 그 상황을 인지하는 이상 속도 편치만은 않을 것이다. 법륜 스님도 다음과 같이 말한다. '인생을 살 때 자신의 능력이 100이라면 바깥에 알릴 때는 아무리 많아도 80쯤만 알리는 게 좋다. 만약 자신의 능력이 100인데 120이나 150으로 알린다면 인생 살기 힘들고 피곤해진다'고 말이다. 결국 남 보기에 좋은 인생이 아닌 내 인생을 살아야 한다는 뜻이다.

당신은 어떻게 생각하는가? 요즘 시대에서는 그래도 본인의 홍보가 중요하다고 보는가? 그래서 오히려 실속부터 챙기기보다 겉모습부터 드러내고 그다음에 실속을 꾸려 나가는 편인가? 물론 사람마다 저마다의 스타일이 다를 수 있다. 하지만 순서가 어찌되었든 나는 속이 빈 겉을 만들고 싶지 않다.

알맹이를 채우는 일이란 깊은 생각과 반성을 필요로 한다는 걸 깨달았다. 알맹이에 신경 쓴다는 말은 결국 내 마음을 들여다본다는 뜻이다. 진정으로 자신이 원하는 것이 무엇인지 그 실체를 파악하기 위해 마음에 쌓인 꺼풀을 하나씩 벗겨내는 일이다. 그러다가 제일 마지막으로 남은 알맹이라는 실체를 놓고 볼 때, 그것이야말로 심리적으로 미처 파악하기 힘들었던 귀한 존재라는 사실을 깨달을 것이다.

껍데기를 신경 쓰지 말고 알맹이를 채우는 데 노력을 기울이자. 알맹이가 있어야 거기에 살을 붙이며 내 의식을 더욱 확고히 해나갈 수 있다.

<누군가를 코칭한다는 것은 어떤 의미인가>

내가 상대방에게 주는 답은 정답이 아닌 해답이다.
정답은 본인 스스로가 가장 잘 알고 있기 때문이다.

코칭은 누군가의 삶을 변화시킬 만한 강력한 힘을 가지고 있다.
아무리 지성으로 가진 것이 많다 하더라도
그것을 그대로 코칭까지 연결하는 능력과 비례하지는 않는다.

코칭이라는 명목으로 본인이 지닌 역량을 넘어서
과대 포장한다면 언젠가는 바닥을 드러낼 것이다.

나도 한때는 코치가 되어 누군가에게 도움이 되고자 했다.
그러나 생각을 거듭할수록 코칭은 아무나 하면 안 된다는 사실을
깨달았다.
하다못해 누군가에게 간단히 조언하는 일만으로도 시간과 정성을
필요로 한다.
누군가에게 조언해주는 순간에도 내가 이런 말을 할 자격이 있는가,
내 경험을 통해 깨달은 이야기를 상대방은 어느 정도까지 수용할
수 있을까 등의 고민을 했다.

이외에도 코칭을 할 때 조심스러운 부분이 상당히 많았다.
쉽게 생각하자면 사람들에게 단지 내 경험을 들려주어 도움을

주면 되는 것이지만,

그러기 위해서는 무엇보다 스스로의 역량을 많이 키워야겠다는

반성의 시간을 가졌다.

반대로 내가 코칭을 받는다면 어떠한 것을 원하고,

얻고 싶은지를 생각해 다른 사람들을 코칭할 때 그러한 점을

전달하기 위해 노력해야겠다는 생각을 했다.

다른 이의 삶을 변화하는 데 일조하는 일은 어렵지만

만약 그 누군가가 나를 필요로 한다면 정성과 고민을 담은

이야기를 전해야겠다.

— 2019. 2. 18. 블로그 중에서···.

주변의 혼란으로부터
내 주관 지키기

"노력하고 집중한 만큼 나 자신은 성장했다.
이는 눈에 보이지 않기에 증명할 수 없지만
내가 안다."

'자기 인생의 목표와 방향을 설정할 수 있는 유일한 사람은 나밖에 없다는 사실을 명심하자. 다른 사람의 평가에 신경 쓰지 말고 나만의 길을 걸어가자.'

'내 상황을 진정 변화시키고 싶다면, 내가 바꿀 수 있는 한 가지는 바로 내 자신이다.'

2018년 6월 어느 푸르스름한 새벽, 문득 이런 생각이 들었다. 당시만 해도 삶을 깊이 고민하고 있어서 그랬는지, 그만큼 나를 스스로 지켜내야 한다는 생각이 강하게 들던 때였다. 현재의 나로 살아야 한다는 것과, 내가 바라는 나의 미래의 모습이 교차해 꽤나 혼란스러웠다.

인생에서 내 주관은 무엇일까. 곰곰이 생각할수록 아득해지는 질문이 아닐 수 없다. 마치 정답이 없는 길에서 외로운 싸움을 해야 하는 것과 같았다. 그러나 오랜 고민과 성찰의 시간을 바탕으로 자신을 알아가는 과정을 거치다 보면 분명 해답은 나타나리라 생각한다.

정답이 아닌 해답, 그것이 나만의 길이다. 하지만 그렇다고 답이 없는 것도 아니니 주저앉아 하염없이 우울해하지 않아도 된다. 삶은 고민의 과정을 겪고 난 사람에게는 반드시 새로운 기회를 찾아 반등할 기회를 주기 때문이다.

목적이 있는 삶, 그것은 오로지 본인만이 정할 수 있는 문제로 내 목적은 내가 정하는 것이며 그에 따라 인생의 또 다른 길로 들어설 수밖에 없다. 이런 고민이 깊어질 즈음, 회사생활을 하며 가장 많이 들었던 말이 하나 있다.

"이만한 곳도 없어, 어른들이 흔히 구관이 명관이라고 하지 않아?"

처음엔 그런 줄 알았는데 아니었다. 그 말은 현실을 긍정적으로 수용한다기보다 체념하는 쪽에 더 가까운 말이었다. 그 뒤로는 그런 말을 들을 때마다 나는 이런 생각을 되네곤 했다.

"이 회사가 내 인생의 전부는 아니야."

현실에 안주하며 하루를 흘려보내기 싫었고, 지금의 삶이 아무리 힘들어도 지금 머물고 있는 이곳이 불투명한 미래보다 더 나을 거라는 잘못된 생각이 깃든 이 말을 받아들이고 싶지 않았다. 급여를 위해 한숨으로 시작하는 하루를 맞이하고 싶지 않았다.

『하고 싶은 대로 살아도 괜찮아』의 윤정은 저자는 다음과 같이 말한다. '흔들리지 않고, 비틀거리지 않고, 잊어버리지 않고. 이것은 나를 잃지 않고 살아가는 방법이다'라고 말이다. 그런데 나는 여기에 조금 더 가미해 이렇게 말하고 싶다.

"흔들거려도, 비틀거려도, 내 꿈만은 잊어버리지 않을 것이다."

이미 익숙해진 일상에 안주하지 않고 새로운 길을 찾아 떠나려는 용기는, 자신의 꿈을 더욱 굳건하게 만들어줄 것이다.

누구도 자신의 꿈을 함부로 흔들 수 없게 해야 한다. 자신이 정한 삶, 자신이 정한 가치는 세상의 가치로 함부로 흔들게 놔둘 수 없다. 물론 사람인지라, 살다 보면 환경에 많은 영향을 받아 자신이 정한 가치관이 흔들릴 때가 많을 것이다. 그 길이 내 길이 아님을 직감적으로 느끼면서도 나도 모르게 주변 상황에 기대어 따라갔다 후회하는 경우가 많이 생긴다. 물론 나도 한때 그런 일을 겪었다.

그래서 나는 이제 내 직감을 믿는다. 처음 무슨 일을 시작할 때 정말 아니라는 생각이 들면, 물론 '정말 아니다'라고 판단하는 기준은 지극히 개인적이지만 그런 생각이 들면 접어야 할 때라는 걸 깨달을 수 있었다. 만약 그때 확실하게 매듭짓지 않고 우유부단하게 행동한다면 그 일은 반드시 실패로 끝나고 결국에는 후회하고 만다는 사실을 몸소 배웠다.

고민하고 또 고민해도 뚜렷한 길이 보이지 않아서 한때는 누군가가 내 인생의 방향을 대신 잡아주면 좋겠다는 생각을 한 적이 있다. 그러다 보니 어느 방향으로 가야 옳은지도 쉽게 결정하지 못하게 됐다. 자칫하면 후에 지금의 결정을 후회하게 되지 않을까 하는 걱정에서였다.

그러나 실패를 하든 성공을 하든 결국에는 내가 결정해야할 문제였다. 누구도 나를 대신해서 살아주지 않으니 내가 짊어진 내 인생의 무게는 결국 내가 짊어져야 한다는 사실을 뒤늦게 깨달았다. 그래도 내가 가는 길은 주님이 함께 돌보아주실 것이라 믿었다. 그래서 기도할 때마다 빌었다. 어떤 일이든지 현명한 결정을 내리게 해달라고 말이다. 그렇게 소망하고 기도하다 보니 내가 내린 결정에 후회보다는 하나의 경험이 될 것이라는 생각을 갖게 되었다.

왕징 저자의 책 『마윈의 충고』에서 마윈은 청년들에게 다음과 같이 말했다고 한다. '인생이라는 긴 여정에서 필요한 것은 나를 더욱더 단단히 무장하고 단련하는 것이라고, 흔들리지 않는 신념으로 전진하는 진취적이고 적극적인 사람이라면 어떻게든 성공할 수 있다'고 말이다. 하지만 사람이 어떻게 단 한 번도 흔들리지 않고 꿋꿋할 수 있단 말인가. 사람이니까 흔들려도 좋고, 휘어지고 휘청거리더라도 결국 자신이 가진 뜻을 잊지만 않으면 된다.

성공의 시금석은 당신이 바닥칠 때라고 한다. 그만큼 인생의 바닥이라고 생각하는 곳에서 얼마나 높이 뛰어오를 수 있느지가 관건이다. 혼란스러운 현재에 머무를 것인가, 아니라면 그 혼란으로부터 벗어날 것인지는 당신 마음에 귀를 기울여볼 때를 알 수 있다. 만약 당신이 지금 이 순간 만족하고 있다면 축하할 일이다. 그래서 더욱 열정을 바쳐 지금 이 순간에 최선을 다해야 한다. 만약 그렇지 않다면 허물과도 같은 현실을 재빨리 벗어던지고 바닥을 박차고 탈출해야 한다.

복잡미묘한 상황에서 나는 내 주관을 지키기 위해 끊임없이 생각하고 또 생각했다. 내 주관이 정말 현명한 결정인지를 확인하고 싶었다. 하지만 그 질문은 특정한 단 하나의 답을 원하는 결과물이 아니었다. 언제 끝날지 모르는 인생을 잘 살아가기 위한 여러 개의 도구 중 하나였다.

살면서 순간순간 드는 생각의 집합체라고나 할까. 그렇게 단순하면서도 한 번에 해결할 수 없는 것들이 모여 나의 주관을 형성했고 나는 그것을 토대로 살아가고 있다는 걸 깨달았다. 어쩌면 그래서 주관을 지켜나간다는 건 수시로 변하는 생각으로 인해 어려운 일이라고 말하는지도 모르겠다.

혼란스러운 상황이 닥치면 일단 마음속으로 들어가 봐야 한다. 그런 뒤 내면의 빗장을 걸어두고 어느 정도 문제가 해결될 때까지 그 안에서 머물러 있어야 한다. 오로지 자신과의 대화가 필요한 때이니 말이다. 주변에서 당신을 걱정해 조언하는 말들을 받아들이는 건 그다음 일이다.

영원한 성취와 만족이란 없으며 매 순간을 경험하며 살아가다 보니 삶이 막다른 길처럼 느껴질 때가 많다. 그러나 그 길 또한 내가 가야 할 길이라는 사실을 깨달아야 한다.

조앤 치티스터 수녀는 책 『모든 일에는 때가 있다』에서 다음과 같이 말한다. '인생은 각자가 경험하는 작은 조각들로 이루어진 모자이크'라고 말이다. 그러니 내가 가진 경험의 모자이크를 내가 원하는 모양으로 만들어 표현하면 된다. 그렇기에 남들이 아닌, 내 주관대로 사는 것이 해답이다. 그저 매 순간을 경험하고 하나의 조각을 만들어, 그것을 연결하다 보면 그것이 내 인생이 된다.

요즘 많은 사람이 자신의 상황을 더욱 객관적으로 바라보고 이해하려는 경향이 뚜렷해져가는 걸 느낀다. 그만큼 자신에게 솔직해지려는 자세로 보여 좋은 현상으로 생각한다.

'나'라는 존재를 둘러싸고 있는 외부의 모든 요소는 나에게 영향을 줄 수밖에 없다. 반대로 말하면 나는 외부의 모든 요소에 영향을 받을 수밖에 없다. 그러나 나에게 필요하지 않은 것들까지 흡수하지 않으려면 내 안의 나만의 것들로 그것들을 밀어내야만 한다. 밀어내는 작업은 내 주관을 지키기 위해 꼭 필요한 일이기 때문이다.

우리는 살면서 많은 혼란스러움을 느낀다. 당신이 지금 그런 상태에 빠져있을 수도 있겠다. 하지만 가장 중요한 사실은 언제나 평화롭고 잔잔한 물결만을 찾아야 하는 게 아니라, 더러는 파도가 요동치는 순간에 자신을 던져 그곳에서 자신을 지켜내야 한다는 점이다. 그렇게 하기 위해서는 우선 자신을 가장 소중히 여겨야 한다. 그리고 살아야 하는 목적이 무엇인지, 그 질문을 스스로에게 끊임없이 던져보아야 한다. 이 질문을 던져 답을 찾을 수 있느냐 없느냐로 당신 삶의 가치를 결정할 수 있을 것이다.

이제, 당신의 마음속을 귀 기울여보자. 무엇을 말하고 싶어하는지 내면을 들여다보자. 혼란스러울수록 당신의 욕구가 강렬하다는 걸 당신도 느끼게 될 것이다.

스타 특강 쇼를 보며 많은 것을 느꼈다.

그들도 나와 똑같은 사람이지만 인생의 한 과정에서 얼마만큼

자신을 발견하고 꿈을 이루어냈느냐는 지극히 다른 것 같다.

나 역시 그들을 보고 느낀 것이 있었는데 일단 들이밀고

실행해 봐야 한다는 점이다.

생각만 하고 있으면 아무도 내가 원하는 일을 해주지 않는다.

내가 먼저 시작해야 일이 어떻게, 어떠한 방식으로든 진전된다.

그들이 내가 하는 일을 알아야 도움도 받을 수 있다.

나도 지금 내가 하고 싶은 일들을 차곡차곡 적어두고

이루어나가기 위해 전진하고 있다.

나는 지금까지 살아왔던 시간보다 올 한 해를 더 값지게 살고 있다는

생각이 든다.

연초 목표도 작년에 미리 세워두어서 올해 초부터 이루기

시작했다. 이 또한 그동안의 노하우인 셈이다.

앞으로 내가 걸어갈 길에서 많은 길들이 보이겠지만 내가 옳다고

생각하는 방향으로 밀고나갈 예정이다.

설령 길을 잘못 들었다 해도 조금 헤매다 다시 빠져나오면 된다.

그 또한 내 인생에 값진 경험이 되기 때문이다.

- 2013. 5. 28. 일기 중에서···

잘하는 것,
좋아하는 것, 하고 싶은 것

"타인의 시선에서 나 자신의 시선으로 옮기기까지 32년 걸렸다.
내가 원하는 것을 실현하기 위해 타인의 시선으로부터 벗어났다.
내 방식대로 살기 위해서…."

하고 싶은 일이 있다는 건 얼마나 큰 행복인가. 욕심이 많아서인지 어릴 때부터 하고 싶은 것들이 많았다. 그래서 할 수 있는 범위 안에서 다양한 시도들을 해 봤고 그러다 보니 더 다양한 분야에 관심을 갖게 되었다. 그러나 인생은 유한한 것, 하고 싶은 모든 것을 다 하는 게 불가능하다는 사실을 깨달았다.

때론 어찌나 다방면으로 궁금한 게 많은지 스스로 이상하다 생각한 적도 있었다. 다른 사람들은 어떨까, 나처럼 이렇게 모든 게 궁금할까 싶기도 했다. 그렇다가도 원래 본인에게 주어진 성격대로 그 길도 각자 따로 있겠구나 싶었다.

내가 관심을 갖고 시도한다고 그것들 모두를 이루고 오래 유지되란 법도 없다. 그래서 조금이라도 더 관심이 가고 끌리는 대로 순서를 매기다 보니, 내 인생에서도 우선순위를 매길 수 있었다. 그 순위를 바탕으로 내 인생의 목표를 정하고 새롭게 시작했다.

퇴사하기 전 동료들에게서 들었던 말은 하고 싶은 일이 있어서 부럽다는 말이었다. 그렇다, 우리들은 평소 먹고 살기 위해 해야 하는 일에 치이다 보니 정작 내가 하고 싶은 일이 있었는지조차 잊어버리게 된다. 물론 나 역시 지극히 평범한 사람 중 한 명이었기에 가고 싶은 길보다는 먹고 살기 위한 일을 해왔다. 그렇지만 나는 오히려 하고 싶은 일, 해 보고 싶은 일들이 너무 많아 우선순위를 정하기 바쁜데 그런 게 아예 없다는 동료들의 말에 적잖게 놀랐었다.

하고 싶은 일과 하기 싫은 일을 차분히 생각해 본 적이 있다. 내 마음이 이렇게 혼란스럽고 힘든 이유는 무엇이었을까. 우선 매년 새로운 업무로 인한 스트레스와 적응에서 온 불안 감이었다. 처음엔 비록 힘들어도 시간이 지나면 해결될 것이라 스스로 다독였다. 마음이 맞지 않는 직원과 함께 일할 때, 그 직원이 잘못한 업무까지 내가 도맡아 뒤처리하는 번거로움도 있었다. 이 상황은 일단 내 할 일 먼저 잘 끝내고 난 뒤처리할 지 말지 결정하는 등 과한 책임의식을 갖지 말자는 쪽으로 마음을 정했다.

하기 싫은 일을 해낼 힘을 기르는 6단계를 설명한 책을 읽은 적이 있다. 회사 일이 너무 싫어서 어떻게 하면 그 일을 싫은 마음 없이 해낼 수 있을까 고민하던 찰나였다. 그 책이 나에게 전한 메시지는 우선, 미리 그 일을 걱정하고 불안해하면서 신경을 쓰다 보면 결국에는 더욱 싫어지게 되니 머리 굴리지 말고 일단 그냥 시작하라고 했다. 하기 싫은 일을 하다 보면 오히려 그 과정에서 내가 진짜 원하는 게 무엇인지 알 수 있게 된다고도 했다. 일부 공감하는 이야기로, 나의 우선순위 정리법은 내가 정말 원하는 것을 발견하기 위해 다양한 경험을 하는 중 곁가지를 쳐내려가는 방법이었다.

어떤 일을 하든 내 마음에 꼭 맞는 일이란 없다. 나 역시 다양한 업무를 해 보았지만 맞지 않는 부분은 어디에나 있기 마련이다. 일이든 사람이든, 결국 그것을 극복하는 힘이 있느냐 없느냐의 차이인데 나는 그 부분이 원인이 되어 점점 지쳐간 것이다. 억지로 참고 해야 한다는 사실이 내 가슴을 더 무겁게 내리눌렀었다. 그래서 긍정적으로 생각하려던 내 노력에도 불구하고 결국에는 그것으로부터 탈피하는 방법을 선택했다.

내가 했던 일이 조금이라도 내가 하고 싶던 일이었다면 상황은 달라지지 않았을까. 난관이 생겨도 조금 더 버틸 힘이 생기지 않았을까. 당시 난 그렇게 생각해 생각의 전환을 했고 그에 맞는 행동을 했다.

취미를 갖고 있던 나는 그 일을 직업으로 연결해 볼 수는 없을까 늘 고민했었다. 오랜 딜레마였지만 그렇게 방향을 잡기에는 현실적으로 여러 변수가 있어 무리라는 판단이 들었다. 그래서 처음 생각했던 방식에서 조금 더 방향을 틀어 다른 길을 찾아보았다. 하지만 마음은 계속 끌리는데 이제 와서 새로 시작하려니 사실 불안한 마음도 없지는 않았다. 그러나 지금까지 그래왔듯 내가 바라는 대로 계속 노력하고 갈구하다 보면 어떤 형태로든 반드시 길이 만들어질 거라는 사실을 알고 있었다.

내가 잘하는 건 끈기 있게 무언가를 하는 거다. 좋아하는 건 고장 난 것을 수리하거나 악기를 연주하는 일이다. 하고 싶은 일 또한 이 두 가지를 병행하는 것이다. 결국 공통분모는 음악이지만 전공자가 아니기에 다시 방향을 조금 틀어 악기 수리를 배우고자 다짐했고 그 길을 꾸준히 찾다 보니 잠깐이나마 새로운 길을 경험할 수 있었다.

사실 내가 경험한 양은 겨우 새발의 피로, 그 경험을 통해 내가 배운 부분은 굉장히 협소했다. 그쪽 세계가 어떤지 전에는 전혀 경험한 바가 없고, 지금껏 단순히 그런 분야가 있다는 것만 알고 어렴풋이 멀리서 지켜보았을 뿐이다. 그래서 내 남은 인생을 그곳에 걸고 투자하기엔 너무 무모한 일이 아닐까 하는 걱정도 들긴 했다. 심지어 그쪽 업계에 있는 사람들도 처음엔 내 결정을 만류했다. 쉬운 길을 놔두고 왜 군이 힘든 길을 가려고 하느냐고 말이다.

그런데 내 경험상 어디든 쉬운 길이란 존재하지 않았다. 어느 일이나 경쟁이 치열했기 때문이다. 하지만 그렇다 해도 내가 하고 싶은 일이기에 과감히 두 눈을 질끈 감고 발을 들여놓

왔다.

처음 내 계획은 관련 학과에 입학해 기본적인 이론을 배운 다음, 실무경험을 쌓을 예정이었다. 이후에는 창업을 하거나 외국에서 일하면서 공부할 좋은 기회가 생기면 더할 나위 없을 것이라 생각했다. 그러던 중 정말 운 좋게도 내 개인 블로그를 통해 현재 악기 수리사로 근무하는 사람과 연락이 닿았다. 그 연결 덕분에 나는 그분과 일대일로 짧게나마 수리과정을 배울 수 있었다.

개인적으로 이 방면에 아는 사람이 전혀 없었기 때문에 악기 수리는 학교가 아니면 체계적으로 배울 기회가 없다고 생각했다. 그런데 내가 지속적으로 바라던 상황보다 더 좋은 기회가 다가왔으니 이 얼마나 놀라운 일인가. 비록 짧은 시간이었고, 그 배움으로 내가 가고 싶은 길의 상황이 대강 윤곽만 잡힌 정도라 해도 말이다. 그래도 내가 새로 걸어갈 내 인생의 밑바탕을 다시 새롭게 그려볼 수 있었다는 점에서 행복하고 설렌 순간이었다.

하고 싶은 일만 하고 살 수는 없다. 김수민 저자는 『너라는 위로』에서 다음과 같이 언급한다. '하고 싶은 일과 해야 할 일

사이에서 갈등하는 일은 누구나 한 번쯤 겪는 것이라고. 하고 싶은 일 한 가지를 하기 위해서는 해야만 하는 일 아홉 가지가 생기는 것이 인생'이라고 말이다. 그러나 해야 할 일을 해내고 난 후, 하고 싶은 일을 했을 때는 행복이 배가 된다고도 했다.

이처럼 하고 싶은 일과 하기 싫은 일의 비중과 관련해 조언하는 사람도 많다. 맞는 말이지만 인생이 정말 그렇다면 참 슬픈 일이 아닐 수 없다. 하기 싫은 일을 억지로 참고 살 필요는 없다고 생각한다. 인생 한 번뿐이니 그래도 내 마음이 더 끌리는 일을 하는 것이 정신 건강에도 훨씬 더 좋다고 생각한다. 게다가 해야만 하는 일은 그동안 충분히 꾸역꾸역 참으며 해왔으니까. 하지만 사람마다 가치관이 다르기에 그에 따른 판단도 각자의 몫이다.

물론 돈을 버는 일처럼 생계와 관련된 가장 기본적인 일이라면 어떤 경우든 피할 수는 없을 것이다. 사실 나 역시 이 부분에서 고민이 많았다. 하고 싶은 일을 하려면 언제나 금전적인 바탕이 있어야 하니까. 나 역시 이 부분을 완벽하게 해결하고 새 일을 시작한 건 아니다. 일단 새로운 일을 해나가면서 방안을 찾아 마련해나가는 중이다.

지금 내가 가진 재능이 과연 나를 일으켜 세울 수 있을 것인가. 그것을 재능이라 감히 말할 수 있을까. 내가 가진 취미는 내 인생에서 어떤 의미를 가질까.

단순히 즐기려는 수준에서 벗어나 조금 더 깊이 있게 배우고 수익으로도 연결하려는 나의 노력이다. 어떤 사람은 좋아하는 일보다 잘하는 일에 초점을 둬야 한다고 하고 그것이 현실적으로 더 바람직하다고 한다. 그런데 그 전제조건은 어디까지나 현실을 우려한 걱정일 뿐이며 그 '잘한다'는 것도 '좋아하는 것'을 바탕으로 한 반복된 노력의 결과가 아닐까.

잘하는 것이든 좋아하는 것이든 하고 싶은 것이든, 어찌되었든 방향키를 돌리기 전에 먼저 자신을 주의 깊게 관찰해야한다. 내면의 소리를 들으며 자신만의 재능을 찾아 갈고 닦아야 한다. 또한 그 생각들을 충분히 생각해 볼 시간을 만들어야한다.

재능이 뭐 특별한 건 아니다. '당신이 살면서 무엇을 정말 하고 싶은가.' 그 하고 싶다는 것 자체가 재능이다. 그것을 가꾸어낸다면 앞으로 발전할 가능성이 충분하므로 그 순간이 바로 새로운 재능의 시작이 된다. 그다음으로 할 일은 실행할 계획을 잘게 쪼개는 것이다. 이 시작은 나이와 상관없다고 믿는다.

나를 위해 멀리서나마 응원하는 블로그 친구가 있다. 그분의 조언은 내 삶에 희망이 되었기에 가슴 깊이 간직하려 한다.

내면에서 우러나오는 위로를 얼마 만에 받아보았는지. 이 위로 덕분에 바닥을 쳤던 내 자존감은 조금씩 회복되어갔다. 불안감에 휩싸여 하루하루 고통받던 날에도, 인생에 후회가 빗발치는 날에도 나가떨어지지 않도록 이 조언은 나를 단단히 붙잡아주었다.

지금 혼란스러운 여러 상황들로 힘든 당신에게도 내가 받은 위로를 전해 공유하고 싶다.

인생을 살며 때론 선택해야 할 순간이 온다. 가난하지만 정말 하고 싶은 일을 하면서 행복하게 살 것인가, 아니면 많은 돈을 벌지만 세상이 정한 틀에 갇혀 살 것인가. 그 중립을 유지하는 일이란 물론 쉽지 않다.

엘리자베스 루카스 저자의 책 『기쁨 사용법』에서 기쁨을 만드는 여섯 가지 레시피를 설명하는 글에서도 언급된 바와 같이, 내가 좋아하는 일을 하는 것은 인생의 가장 근간이 되는 요소다. 내가 하고 싶은 일을 발견하는 것은 결국 나의 길을 무시하지 않는 것과도 같다.

또한 박웅현 저자는 인생에는 정석이 없으며 열심히 살면서 자신만의 점을 만들어가라고 말한다. 궁극적으로 행복을 만들어가야 하기 때문이다.

나의 행복의 점은 내가 선택한 길 어딘가에 놓여있다고 믿는다. 당신도 당신의 행복을 찾기 위해 하루빨리 그 점이 놓인 길을 찾아 걸어갔으면 좋겠다.

가보지 못한 길을 갈 때는 흔히들 미리 복잡한 상상을 합니다만,
도착해서 첫걸음 내딛는 순간부터는 괜히 미리 복잡한 생각을
했구나 싶어집니다.
무엇이든, 어떤 상황이든 잘할 수 있다는 그 자신감을 주입시켜
자신을 믿는 일이 가장 큰 무기가 됩니다.
잘할 수 있을까 하는 의구심은 버리고 즐기는 마음으로 향하시길
바랍니다.
가다가도 돌아오거나 또 다른 길로 갈 수 있는 젊음이라는 여유가
아직 우리에게 남아있기 때문입니다. 미래의 막연한 두려움과
망설임, 걱정을 접고 파이팅하세요!

- 블로그 친구의 조언 중에서···.

침묵과 묵상,
나를 더욱 객관적으로

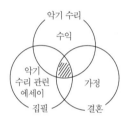

나 자신을 잘 파악하고 있다 생각했었다. 흔히 주제 파악이라고 하지 않던가. 그래서 나도 내 주제를 알고 내 분수에 맞도록 처신하려 했다. 그런데 언제부턴가 의심이 들기 시작했다. 정말 나는 나를 잘 알고 있을까?

머릿속과 마음속이 뒤죽박죽 엉켜서 산만했다. 좀처럼 안정을 찾지 못했다. 몸은 제 할 길을 찾는 듯해도 내 내면은 몸을 따라잡지 못했다. 그렇게 몸 따로 마음 따로라 늘 붕 뜬 상태였다. 마음이 이렇게 방황을 겪으니 그 영향이 몸까지 전염시켰다.

나는 어떤 고민거리가 생기면 누구에게 털어놓기보다 내 자신과 대화를 하는 편이다. 왜 그렇게 생각했고, 왜 그렇게 행동했는지, 그리고 앞으로는 어떻게 할 것인지를 속속들이 펼치고 파헤쳐 고민의 범위를 최소한으로 줄이려고 든다. 당신은 어떤 스타일인가? 누군가와 대화로 고민을 나누는 편인가, 아니면 스스로 끌어안는 편인가.

내가 평소 좋아하는 말 중에 여박 총피법(如剝蔥皮法)이라는 말이 있다. 이 말은 다산 선생의 말로, 문제가 생기면 껍질을 한 올 한 올 벗겨 파헤침으로 실마리를 찾아 핵심개념을 발견한다는 뜻이다. 즉, 문제 해결의 정통법이다. 한동안 이 문구를 모니터 상단에 붙여놓고 일했을 정도로 당시 나에게는 와닿는 말이었다.

대체로 생각할 일이 생기거나 마음을 정리해야 할 때는 푸릇한 새벽이나 자기 전, 책상에 앉아 묵상하는 시간을 가졌다. 묵상(默想), 말없이 마음속으로 생각하는 행위다. 어떻게 보면 명상이나 침묵과도 비슷한데 이들의 공통점은 외부의 방해를 받지 않고 홀로 고독을 누리는 일이라 하겠다.

침묵이든 묵상이든 그 행위는 나를 객관적으로 바라볼 수 있는 유일한 도구며, 내면의 깊은 곳에서의 소리를 듣게 만들어주는 중요한 도구다. 나는 나의 내면으로 여행을 떠나기 위해 어떠한 조치든 절실했고 혼자만의 시간을 원했다. 특히 자연을 바라보며 사색하는 시간, 술 한잔 기울이며 고민하는 시간을 갖고 싶었다. 여유를 갖고 생각의 깊이를 더하고 싶었다.

지인 중 한 명은 혼자서 여행하는 걸 즐긴다고 했다. 누구와 함께가 아닌 혼자서 여행하다 보면 평소에 알지 못했던 것들을 깨닫고 성찰하는 시간을 가질 수 있다고 했다. 혼자서 구경하는 관광지, 혼자서 먹는 밥 등 홀로 움직임으로써 나를 발견해가는 시간을 만들 수 있다고 했다. 나도 그런 시간을 원했지만 혼자서 여행지를 돌아다닌 경험이 없어 막상 실천하지 못해 못내 아쉬웠다.

혼자서 떠나는 여행은 아니라도 내 내면의 소리를 듣기 위해 고심하는 시간은 충분히 가졌다. 그 시간이 없었다면 내가 누리는 지금의 기회는 절대 만나지 못했을 것이다.

『삶이 내게 말을 걸어올 때』의 저자 파커 J.파머는 내적인 상황에서 빠져나올 유일한 탈출구는 그 안으로 들어가는 것이라며 안으로, 아래로 향할수록 영적 여행길의 과정을 만난다고 한다.

나도 그랬다. 얼마나 깊이 생각했는지 더 이상 생각하기 힘들다고 느낄 정도였다. 밑바닥까지 내려가 내가 가진 생각들을 남김없이 훑고 올라온 기분이었다. 시간이 지날수록 또 다른 생각이 더해져 내 생각의 결과가 변할 수는 있겠다. 그러나 근본적인 생각만큼은 확고하므로 그 생각을 토대로 움직여야 한다고 생각했다.

다행히 나는 종교를 갖고 있어 그 덕분에 좋은 영향을 많이 받았다. 매주 토요일 미사 시간 전에는 조금 일찍 성당에 도착해 기도한다. 제대에 놓여있는 초를 바라보고 있자면 마음이 편해지고 일상의 무거움을 잠시나마 내려놓을 수 있었다. 어떤 때는 괜스레 눈시울이 붉어지기도 했다. 일이며 이것저것 때문에 매일은 아니라도 수시로 기도하며 마음의 평화를 얻고자 노력한다.

내가 정말 원했던 혼자만의 시간은 단순히 물리적인 시간이었을까, 아니면 내면의 시간이었을까. 당시에는 힘들고 낯선 새로운 일에 적응하기 바빠 내 시간 자체를 온전히 갖기 힘들었다. 다가올 주말이 아니라 지금 당장의 시간이 필요했기에 아예 휴가를 낸 적도 있다. 오로지 내 문제에 집중해 생각할 시간이 절실했기 때문이다.

평소엔 다이어리에 내가 고민하는 문제들을 쭉 적어나갔다. 지금의 문제는 무엇인가. 지금의 이익을 포기해서라도 내가 하고 싶은 일을 진행할 수 있을까.

여행이든 종교활동이든 사람은 자신을 객관적으로 바라볼 수 있는 시간이 필요하다. 우리는 긴 시간을 살며 세상살이에 이리저리 휘둘려 정작 자신을 들여다볼 시간이 충분치 않다. 죽기 전에 인생을 되돌아보며 후회하기에는 너무 늦다.

침묵은 자신과의 싸움이다. 누구도 알아주고 들여다볼 수 없는 자신의 마음을 직접 들여다보고 깨우치는 과정이다. 앞에서 언급했듯 기록한다는 건 내 과거를 기억한다는 의미다. 그렇다면 객관적으로 자신을 바라보기 위해서는 어떻게 해야 할까?

남의 판단으로 나를 결론짓기엔 인생이 참 허무해진다. 나는 내가 제일 잘 안다. 그래서 나를 객관적으로 판단하기 위해서 평소 내면을 꾸준히 들여다봐야 한다. 내면의 소리를 듣기 위해 생각뿐 아니라 그 생각을 적고 꼬리에 꼬리를 물고 파생된 다른 생각을 해봐야 한다. 이때 수북이 적은 메모들은 퍼즐처럼 연결되며 마침내 내 생각의 결과를 내준다.

당시에 내가 가장 하고 싶었던 것이 있었는데 새벽에 나를 돌아보고, 내가 앞으로 나아갈 길을 모색하는 글을 적는 일이었다. 가능하면 인문학적인 요소를 가미해 진솔하게 풀어내고 싶었다. 회사, 공부, 결혼 등 인생을 주제로 하니 범위가 무궁무진해졌는데 그중 어느 하나의 주제라도 풀어내기 막연했다.

결국 새벽은 현재의 문제를 해결하는 것에서 벗어나 성공하기 위한 '도구'에 지나지 않음을 깨달았다. 그러나 그 도구를 무시해서는 안 된다는 사실도 그 새벽에 배울 수 있었다.

당신은 당신 내면의 소리를 들을 수 있는가? 쉼 없이 흘러가는 시간 속에서 당신의 순간을 멈추고 당신을 들여다볼 여유가 있는가? 오롯이 당신과의 대화만이 당신을 발견하게 할 것임을 잊지 말자.

몸에도 휴식이 필요하듯 마음에도 쉼이 필요하다. 어떤 형태로든 세상살이에서 잠시 벗어나 고요한 상태에 머무를 필요가 있다. 그 고요의 시간을 견디고 유지한다면 당신은 분명 당신이 그토록 원하는 것을 찾아낼 수 있을 것이다.

주변의 소리에 휘말려

그 사람을 평가하지 않게 해주소서

내가 처음 느끼고 본 그 사람의 모습 그대로

받아들이고 영위할 수 있게 해주소서

나를 둘러싼 모든 상황이

나를 슬프고 힘들게 하여도,

그 사람과 함께한 순간의 기쁨을 떠올리며

포기하지 않게 해주소서

함께 할 날이 아득해 보여도,

함께 할 날이 곧 다가온다는 믿음으로

더욱 굳건하게 기다릴 수 있게 해주소서

- 2020. 1. 28. 블로그 중에서···.

생각
붙잡아두기

취업자리 구하기 vs. 힘들어도 여기서 버티기

나의 선택은?

"우울증을 수반할 정도로 힘들다면 그만두는 것이 낫다.
내 인생에서 이곳만이 답은 아니지 않은가."

연말이 되면 다음 해에 쓸 다이어리를 산다. 일 년 동안 사용할 것이기에 디자인과 속지 구성도 꼼꼼하게 살핀다. 사실 내가 좋아하는 다이어리 브랜드가 있는데 메모할 수 있는 속지도 많고 월간과 주간 구성이 나에게 안성맞춤이다. 그 브랜드로 10년 넘게 쓴 것 같다. 사람들이 찾지 않아서인지는 모르겠지만 구성품 중 하나가 단종돼 무척 아쉽다. 나에게는 아주 유용하게 쓰였는데 말이다.

일 년의 기록을 이 한 권에 담기엔 부족하긴 하다. 문득 떠오르는 생각만으로도 메모지를 다 써버리기 때문이다. 내가 중요하게 생각하는 것 중의 하나는 매년 내 생각의 흐름을 관찰하는 일이다. 사람이 살면서 얼마나 많은 생각을 하는데 그것을 일일이 어떻게 기록하느냐고 할 수도 있겠다. 그러나 모든 생각을 적는 게 아니라 기록해둬야 할 생각들만 적는데 그것이 모이고 모여서 삶의 한 부분이 된다는 걸 경험했기 때문이다.

이렇게 내 머릿속을 스쳐가는 아이디어를 다이어리에 수시로 기록해두는 일은 나의 오랜 습관이다. 언제 한 번은 내 인생을 훑어보고 싶어서 그동안 모아둔 다이어리를 꺼내 살펴보았다. 특히 다이어리 뒤편에 메모한 부분을 보았는데 매년 목표를 마인드맵 형태로 정리해두었기에 그 당시 어떤 생각을 했는지 한눈에 볼 수 있었다.

그때 다이어리를 보고 느낀 점은 내가 미래에 어떤 삶을 살고 싶은지 끊임없이 고민하고 노력했다는 것이었다. 연말이 되면 다음 한 해 동안 이루고 싶은 계획을 세우고, 6월경에는 어느 정도 이루었는지 확인해 본다. 금방 실천할 수 있는 계획도 있고, 아직도 시작하지 못한 계획도 있다.

내 심경 변화의 공통점도 발견할 수 있다. 행복과 우울 사이에서 극복하려는 의지, 인문학 독서를 통해 자아를 성장시키려는 노력은 물론 내가 살아가는 의미도 발견했다. 내 관심사 또한 오랜 시간이 흘렀음에도 공통된 점이 많은데 그것들 모두는 목적의식이 있어야 시작할 수 있는 것들이었다. 주로 악기 동호회 참여, 악기 수리과정 배우기, 어학 배우기, 운동과 여행이었다.

계획은 말 그대로 무엇을 이루기 위한 세부단계를 설정한다는 뜻이다. 내 뜻대로 이뤄지지 않을 때도 많으니 조바심 내지 않으려고 한다. 어차피 계획은 계획이기 때문이다.

한 가지 아쉬운 점은 조금 더 큰 범위, 즉 중장기 계획을 세웠으면 훨씬 좋지 않았을까 하는 것이다. 일 년 단위의 계획을 주로 세우다 보니 5년, 10년 단위의 계획에는 소홀했다. 삶에서 작은 단위보다는 큰 단위의 계획을 세워보고 멀리 생각해 보는 시간을 가졌어야 했는데 말이다.

그래서 올해 하반기에는 중단기 로드맵을 그려 내 인생의 큰 밑그림을 그려보는 기회를 가졌다. 특별히 자랑할 내용은 없지만 중요한 사항을 시간 순서에 따라 적어두었다. 큰 덩어리로 연도수와 개월수에 맞춰 내 나이를 적다 보니, 몇 년 뒤에는 무엇을 할 수 있고, 무엇을 해야 할지 대강의 윤곽이 잡혔다.

이렇게 크고 길게 생각하니 지금의 조바심은 부질없는 마음이라는 걸 깨달았다. 아직 살날이 많이 남았기에 매일 최선을 다하며 내 목표를 향해 거침없이 나가는 삶을 살아야겠다고 생각했다.

한 개의 다이어리는 내 일 년의 삶이 고스란히 담긴 기억 모음집이다. 무엇을 하고 어디를 갔었는지, 내 생각은 어땠는지가 담겨있기에 그것만 꺼내 보아도 어떻게 살았는지 한눈에 살펴볼 수 있다.

많은 사람이 다이어리를 쓰기 시작해도 초반이 지나면 포기하는 경우가 많다. 친구나 회사 동료만 해도 다이어리를 끝까지 사용하는 경우가 드문 듯했다. 매년 초 다짐하고 시작하지만 어느덧 흐지부지하거나, 업무용도로만 적는 경우가 대부분이라며 오히려 내 다이어리를 신기하게 들춰보기까지 했다.

당신은 어떤가? 사람마다 개인이 처한 상황이 다르고 성향도 다르니 내 방식을 주장하려는 건 아니다. 요즘 같은 디지털 시대에도 나는 아날로그 성향이 있어 손으로 적는 걸 좋아한다. 꼭 다이어리가 아니라도 어떤 방식으로든 당신의 매일을 기록해두어 그것이 유용하게 쓰일 날을 만들어보라고 이야기하고 싶다.

다이어리에 기록하는 행위는 자신이 직접 하는 주체적인 활동이다. 무엇을 할지, 어떻게 생각하는지를 적으려면 적는 사람의 적극적인 자세가 필요하다.

나는 대학교 시절부터 20대를 새롭게 살고자 했다. 그러다 보니 그 결심을 반영하고 보관해둘 무엇인가가 필요했다. 그때 눈에 들어온 것이 다이어리였다. 그 이후로 습관처럼 하루도 빠짐없이 다이어리를 가지고 다녀 어쩌다 다이어리를 가지고 다니지 않으면 불안한 기분이 들 정도다.

처음에는 순간순간 떠오르는 생각을 적어두는 것도 좋다. 습관으로 정착했다면 장기적인 관점에서 꾸준히 메모하는 행동은 내 인생을 차곡차곡 밟아갈 수 있는 훌륭한 일이 된다. 나역시 그렇게 나의 모든 생각과 느낌을 붙잡아두다 보니 지금의 행동 결과를 만들어오지 않았나 싶다.

일상에서 틈틈이 아이디어를 붙잡아놓으면 현실에서 원하던 꿈이 이뤄진다. 단순한 생각에서 끝나버리는 것은 그냥 '생각만 했을' 뿐이다. 그 생각을 적어두고 매일 바라보며 조금씩 실행한다면 생각은 드디어 꿈으로 환산되어 결국 '현실'로 이뤄진다.

귀를 기울인다는 것은 무엇인가. 어떤 것을 자세히 알아보기 위해 자신을 낮추는 행동이다. 저 밑바닥 깊은 곳으로 들어가 살펴봄으로써, 한 번뿐인 인생에서 내가 추구하려는 것이 무엇인지를 깨닫는 행위다. 고독하지만 외롭지 않은, 당신 인생에서 유일하게 당신만이 할 수 있는 일이다.

이러한 귀 기울임을 통해, 나는 정말 하고 싶은 일이 무엇인지를 발견했다. 올해 다이어리에서 그 부분이 가장 큰 비중을 차지했고 결국 이루어짐으로써 비로소 나는 올해의 계획을 성공적으로 실천했다고 생각한다. 당신도 사소한 행동을 통해 꿈이 실현되는 행복을 맛볼 수 있으면 좋겠다.

올해는 유난히도
굵직한 사건이 많아서
적응하는 데 시간이 좀 걸렸다.

그러나 이제는
내가 모든 것을 책임지고
나아가야 할 순간임을 안다.

잘 살아도 내 인생,
못 살아도 내 인생이지만,
그래도 이왕이면
하고 싶은 일을 하면서
행복하게 잘 살아가고 싶다.

- 2019. 12. 6. 블로그 중에서...

4부

과감한
행동의 시간

내 인생은 내가 사는 것이다.
어느 훌륭한 사람이라도 내게 조언을 줄 뿐 책임져주지 않는다.
그러니 심사숙고하여 현명한 판단이라는 생각이 들면
지체하지 말고 과감하게 움직여야 한다.
그것만이, 그런 행동만이 '나'라는 사람을 만들어간다.

지금 순간에서
한 발자국 옮기기

*"내 그릇은 이번 경험을 통해 커졌다.
다시 새롭게 시작하면 된다.
부족하더라도 내 힘으로 시작하면 된다."*

직장생활을 할 때 들었던 고민은 이런 거였다. 나는 왜 내가 원하는 곳으로 가기 위한 그 한 걸음을 이렇게 무거워하는 걸까.

이런 생각은 두 가지 이유에서였다. 한 가지는 직장 문제였다. 아니라고 생각하고 충분히 고민도 했으면 그만 정리하고 나와야지 왜 여태 버티는가 말이다. 몇 년간에 걸친 고민이었는데 말이다. 하지만 그때는 미처 몰랐다. 무조건 참고 버티며 내 마음을 다잡고 정진하면 곧 익숙해지고 괜찮아질 것으로 생각했다.

그런데 버틴다는 말은 내게 여전히 부정적인 의미를 전했다. 버티는 것으로만 끝나는 게 아니라 속으로는 골병이 들어가고 있었다. 문제를 속 시원히 해결하지 못하고 남아있는 찝찝함 그대로를 안고 몇 년의 시간을 보냈다.

버티는 것이 이기는 거라는 말이 있다. 겉으로 보면 버티면서 현재가 주는 안정을 누리는 삶이 나을 수 있다. 그러나 불만족스러운 현재를 내려놓고 불안을 안고서라도 살길을 찾아 떠나는 삶이 나에겐 이기는 삶이었다. 왜냐하면 그렇게 해서라도 내면의 건강을 되찾고 싶었기 때문이다.

지금이라도 떠나야 한다고, 이미 충분히 고민했고 아니라는 판단이 들었을 땐 당장 정리해야 한다고 얼마나 오랫동안 일기장에 적었는지 모른다. 그러나 현재가 주는 물질적인 달콤함에 안주할 수밖에 없었다. 참고 견뎌내는 수밖에 없었다. 당장 벗어날 만한 묘안은 내게 없었다.

다른 한 가지는 내 미래의 문제였다. 내가 하려는 일은 기본적으로 관련 교육을 받아야 할 수 있어서 그 교육 과정을 직장생활과 병행하려 했다. 그렇게 하는 것이 위험 부담이 가장 적었기 때문이다. 경제적으로 돈을 벌어 내가 원하는 배움을 충당할 수 있으니 얼마나 뿌듯한 일이겠는가.

처음에는 악기 수리 관련 정보가 많지 않아 참고할 정보를 얻을 곳이 없었다. 우리나라에서는 악기 수리 분야가 활성화되어 있지 않아 그렇다고 들었다. 답답했지만 내가 구한 정보는 그게 고작이었다. 그래서 몇 년 동안 이리 기웃 저리 기웃 알아보기만 할 뿐 쉽게 행동으로 옮기지 못했다.

그러다 관련 학과 한 곳을 발견했다. 다음 날 아침 당장 그 학교 행정실에 문의해 면담을 요청했더니 학과장님을 직접 만날 기회를 얻었다. 그렇게 기적처럼 일정을 잡은 후 찾아갔다. 궁금한 사항을 미리 메모해놓았던 터라 속사포로 질문을 쏟아냈고 인터넷으로는 확인할 수 없던 가장 현실적인 조언을 얻을 수 있었다. 초보라도 시작할 수 있는지부터 그 일의 전망까지 궁금했던 것을 말이다.

그 시간은 어찌나 빨리 흘러갔는지 모른다. 그때만큼 내 눈이 초롱초롱하게 빛나고 의욕이 왕성해진 때도 얼마 만인가 싶었다. 이렇게 하루를 살 수 있다면 얼마나 행복할까라는 생각이 문득 들었다.

직장생활을 계속하려니 내가 하고 싶은 일을 시도조차 못하겠고, 내가 하고 싶은 일을 하자니 금전적인 부분이 가장 문제였다. 이 문제는 한동안 내 딜레마였다. 시간과 돈, 이것은 늘 삶을 따라다니며 힘이 되어주기도, 곤란을 주기도 한다. 물론 지금도 그 영향을 받고 있다. 기술을 익혀 내 것으로 만드는 데 걸리는 상당한 시간과, 그 과정동안 돈벌이를 할 수 없어 궁핍한 생활을 해야 하는 것 말이다.

그렇다면 과연 어떤 선택이 더 현명한 걸까. 근시안적으로는 당장의 밥벌이가 시급할 수 있다. 요즘처럼 힘든 세상에서 많든 적든 일정 금액을 다달이 받는다는 건 감사한 일이다. 그러나 인생을 멀리 볼 때, 과연 내가 평생 일하고 싶은 곳이 내가 당시 다니던 직장인가를 생각해 보면 그건 또 아니었다. 정년퇴직할 때까지 그 일을 하고 싶은 생각은 추호도 없었다. 오히려 그렇게 될까 봐 무서웠을 정도였다.

결국 어느 방향을 선택하든 내 책임이다. 내가 결정했기에 내가 오롯이 책임져야 한다. 고등학교 시절, 공부보다 일본어 공부에 더 몰두하는 과감한 결정을 내렸던 것처럼 나는 어떻게 보면 막무가내 정신으로 살아왔다. 그래서 이번에도 과감하고 깔끔한 결정을 내릴 때가 왔다고 생각했다.

남들이 보면 내 결정을 짠하고 안쓰럽다고 걱정할 수는 있겠지만 난 그 상황에서도 내 나름대로 최선의 선택을 한 것이다. 내 결정을 결과로만 본다면 나는 실패한 인생이다. 그러나 인생이라는 저 먼 곳의 도착지점을 생각하면 그동안의 내 결정들은 모두 하나의 길로 가기 위한 과정이었을 뿐이다. 내 결정은 정착지가 아니었기에 주변 사람들 말에 치우칠 필요가 없었다.

한 발자국만 옮기면 다른 세상이 펼쳐질 것임을 믿고 그렇게 이번에도 나는 용기를 냈다. 하지만 현재의 자리에서 한 발자국을 옮기는 건 상당히 어려운 일일 수 있다. 나 역시 내 결정을 실제로 실행에 옮기는 데까지 꽤 오랜 시간이 걸렸다. 익숙한 것에서 벗어난다는 것, 평범함의 무리에서 벗어난다는 건 심리적으로도 어려웠기 때문이다. 게다가 금전적인 부분과 관련된다면 더욱이 그렇다. 그렇지만 이때 한 발자국의 위력을 깨달았고 그 흐름을 따라가고 싶었다.

당신도 고민만 하지 말고 때론 과감하게 움직여야 한다. 그때 생각지 못한 것들을 얻는 경우가 많으니 말이다. 그 행동은 당신의 결정이 줏대가 없는 것이 아니라 당신 삶과 강하게 맞서는 당당한 행동이라는 걸 증명하게 될 것이다.

내 인생은 내가 사는 것이다. 어느 훌륭한 사람도 내게 조언을 줄 뿐 책임져주지 않는다. 그러니 심사숙고하여 현명한 판단이라는 생각이 든다면 지체하지 말고 과감하게 움직여야 한다. 그것만이, 그런 행동만이 '나'라는 사람을 만들어간다.

삶이 그렇듯 새롭게 무언가를 시작하기 위해서는 지금 딛고 있는 곳에서 발을 떼고 다른 세상의 땅에 새롭게 발을 디딜 필요가 있다. 흔히 생각한 다음에 행동해야 한다고 하지만 때론 몸을 먼저 움직여야 할 때도 온다.

내가 언제, 어떻게 또 다른 한 발자국을 다른 땅에 내딛을지 나도 모르겠다. 당장은 아니라도 그 시점이 도래한다면 나는 이번처럼 내 마음 가는대로 최선의 선택을 할 것이다. 결국 인생은 한 걸음씩 내디뎌 만들어가는 것인가 보다.

지금 이 순간에서 발 한자국 떼어내면 새로운 세상인데,
왜 그 행동 하나를 못 하고 있는가.
늪에 빠지지 말고, 용기 내어 허우적거리기라도 해야 한다.
지금, 한 발자국 옮기자.

- 2017. 3. 14. 메모 중에서...

완벽하지 않아도
바로 이때

실행력!
추진력!
도전하는 용기!

내가 수시로
들여다보는
'주문'

    나는 완벽주의자다. 내가 봐도 그렇다. 어떤 일이든 시작할 거라면 끝까지 확실하게 하고, 아니면 아예 시작하지 않는다. 무엇보다 대충대충 하는 일 자체가 내 성격에 맞지 않는다. 그만큼 꼼꼼하기도 하고 일이든, 개인적인 일이든 철두철미하게 하려는 성향을 갖고 있다.

    악기 연습하는 모습만 봐도, 연주하다 막히는 부분이 생기면 10번이고 100번이고 될 때까지 연습한다. 내가 만족할 때까지 연습실에서 몇 시간이고 반복하는 것이다.

그런 내 모습이 단순무식해 보일 수도 있다는 걸 최근에서야 알게 됐다. 뭘 그렇게 힘들게 사느냐는 사람도 있는데 그들은 쉽게 생각하고 편하게 하라고 말했지만 막상 나에겐 쉽지 않은 문제였다. 그동안 쌓아 올린 내 벽을 조금씩 허물어야 했기에 부담도 컸다.

내가 가진 능력으로 무언가를 해 보려 할 때, 이런 내 성격이 단점으로 작용하기 시작했다. 처음부터 계획적으로, 철저하게 시작하지 않아도 해나가면서 수정하면 되는 일도 있다. 그런데 처음부터 각 잡고 하려 하니 잘 되지 않는 게 당연하다.

그럼 뭐가 문제였을까. 완벽해야 한다는 강박을 가져서였을까. 아니면 나를 포함한 주변 사람들에게 인정받으려는 마음 때문이었을까. 그러고 보니 그런 마음도 없진 않았다. 난 내 할 일을 알아서 하는 성격이라 옆에서 누가 잔소리하는 걸 무척 싫어한다. 그럴 때면 오히려 하지 않고 배짱을 부린다.

그래서 이런저런 것들로 내 마음이 심통을 부리는 날에는 우선 하고 있던 일에서 손을 놓아보았다. 그랬더니 마음도 가라앉고 한결 편해짐을 느꼈다. 포기가 아니라 내가 하려던 방향과 부합하지 않다는 걸 깨닫고 더 이상 붙잡지 않는 것이다. 이렇게 하면 좋았을 것을 왜 그동안 힘들게 애써 부여잡고 쩔쩔매고 있었나 하는 생각이 들 정도였다.

'완벽을 바라는 순간 절망만 있을 거'라는 철학자 에픽테토스의 말이 눈에 들어왔다. 완벽보다는 추구하려는 것을 쉽게 포기하지 말고 붙잡고 있어야 한다는 말에 초점을 둬야 했다.

완벽하지 않아도 괜찮다는 말은 한때 내게 기분 나쁜 소리로 들렸다. 이왕 할 거면 잘해야지 왜 대충하려고 하는지 이해가 되지 않았다. 하지만 그건 대충이 아니다. 어떤 점에서는 그렇게 살 필요도 있다.

삶을 살며 만족 범위를 점점 높여가듯, 처음부터 완벽하기만 한 때가 과연 있을까. 그저 내가 원하고 좋아하는 일을 할 수 있다는 순간에 감사함을 갖고 기쁘게 생활하는 마음이 더 중요하지 않을까. 오히려 처음부터 지나치게 심혈을 기울인다면 완성하기도 전에 무너지거나 다른 방향으로 흘러가지 않을까.

철학자 니체는 이렇게 같이 말했다.

'자신이 가진 힘의 4분의 3 정도의 힘으로 작품이나 일을 완성시키는 것이 가장 적당하다. 온 힘을 다해, 온 마음을 기울여 완성한 것은 왠지 모르게 보는 이에게 고통스러운 인상을 주고 긴장을 불러일으키기 때문이다.'

이 말은 꼭 완벽함만이 중요한 게 아니라는 사실을 알려준다. 다소 부족해도 여유가 묻어나는 삶, 나는 그런 삶을 살고 싶다. 이제 나는 넉넉하게 삶을 바라보는 태도가 얼마나 중요한지, 또 그것이 오히려 더 완벽한 삶을 지향하는 길이라는 사실을 깨달았다. 남들에게 보여주려는, 꾸며지고 좋아보이는 삶이 아닌 내가 진정으로 여유를 느끼며 다가가는 삶 말이다.

내 인생에서 타협점을 찾는 과정에서 하나 배운 게 있는데 '완벽한 때와 완벽한 건 없다'가 그것이다. 부족하다 생각돼도 일단 시작해 보는 용기, 첫 시작이 미약해도 계속 가다듬고 내 마음을 쏟는 추진력, 거기에 최선을 더한다면 그것이야말로 스스로 완벽을 향하는 지름길이 아닐까 한다.

거듭된 덧칠로도 완벽해질 수 있다는 것을 깨닫는 요즘이다. 지금 내가 하는 일이 무척이나 불안하고 어색할 수 있겠지만 언젠가는 내 삶의 멋진 그림이 완성될 것이라 믿는다.

당신이 매일 쌓아 올리는 노력과 시간은 훌륭한 밑그림이 되

고 있다는 것을 안다. 그래서 나는 당신의 부족함을 진심으로
응원한다.

<다시 시작하고 싶을 때>

공부도, 인연도 처음부터 다시 시작하고 싶은 때가 있었다.
깨끗한 백지에서 내 인생을 다시 칠하면 좋겠다는 생각을 했다.
자꾸만 얼룩져가는 상황이 부담스러웠고 자존심도 상했다.
다시 시작한다면 더 좋은 칠을 하겠지만 인생은 덧칠만 가능했다.
어느 그림이 나올지 예측할 수 없는, 나도 모르는 색깔로···.
어디서부터 잘못되었는지 생각하면 그 끝이 없다.
그 실체를 정확히 파악할 수 없을 정도로 상황은 복잡하고 오묘했다.

돌이킬 수 없을 때는 어떻게 해야 하는가.
받아들여야 하나, 묻어두어야 하나.
과거에 연연하지 말고 앞으로의 삶을 위해, 오늘부터 새로운
시작이라고 생각하며 살아야 할 것이다.

꼭 한 번의 색칠로 완성된 색이 아니더라도, 덧칠을 하더라도
하면 할수록 더 멋진 색감으로 표현될 것이다.
그래서 과거의 풍부한 경험의 색으로 어우러진 내 멋진 그림을
나는 오늘도 계속 그려나가는 중이다.

- 2019. 4. 16. 일기 중에서···.

용감하게
나를 선택할 용기

*"긍정 효과가 중요한 것은 이미 알고 있지만
때로 내 안의 부정적 기운이 강하게 치솟아
긍정의 기운을 잠식해버린다. 그럴 때에는
어떻게 해야 할까?"*

'조금 다른 방향으로 가고 싶다면 사소한 말들에 상처받지 않는 연습이 필요하다.'

『하고 싶은 대로 살아도 괜찮아』에서 윤정은 저자는 나에게 이렇게 조언해준다. 나는 지금과는 다른 삶을 살고 싶어 늘 고민했다. 그렇다고 매번 바뀌는 삶이 아닌, 어떻게 하면 이전보다 조금 더 행복하게 살 수 있을까를 고민하던 찰나에 맞닥뜨린 삶이었다. 이런 나의 결정을 가족마저도 쉽게 응원해주지 않았다. 오히려 내가 결정한 선택에 철없는 행동이라는 눈초리를 더했을 뿐이다.

그때 느꼈다. '결국 내 인생은 내가 사는 거구나, 가족마저도 나를 끝까지 책임져주는 존재는 아니구나'라고 말이다.

퇴사하고 내 인생을 다시 시작할 용기는 어디에서 왔을까. 정말 철없는 판단이었을까 아니면 용기 있는 도전이었을까. 나를 바라보던 사람들에게는 철없는 행동이었을 테고, 나와 같은 환경에 처한 사람들에게는 용기 있는 도전일 터이다. 이렇게 바라보는 상대에 따라 내 인생은 달리 보일 수 있다. 그런데도 난 사람들의 눈높이에 맞춰 살아야 할까?

예전에는 인정받기 위해, 칭찬받기 위해, 대부분 그런 삶을 살았다. 그러나 결국 살아가는 주체는 내가 돼야 하고, 그래야 하루라도 더 힘차게 살 수 있다는 걸 깨달았다. 부모는 인생을 먼저 살아본 경험자로서 내게 조언해줄 뿐 대신 살아주지 못한다. 그렇기에 내 인생을 사람들의 시선에 맞춘다면 나는 빈 껍데기의 삶을 살 수밖에 없다.

'내가 결정한 선택에 반드시 내가 책임진다.'

꽤 오래전부터 이런 생각을 했었고 일기장에도 이 문구를 썼던 기억이 난다. 나를 선택한다는 말은 내 꿈도 책임진다는 뜻이기도 하다. 내가 만든 꿈을 내가 실현해 내가 책임지는 삶 말이다.

그런 생각을 했던 지금의 나는 어떠한가. 내 결정에 따라 퇴사했고, 내가 만든 꿈을 실현하기 위해 다음 도약을 준비하고 있다. 나도 사람이라 불분명한 앞날에 불안하고 두려울 때가 종종 있다. 지금 그만둔다면 내게는 과연 무엇이 남을지, 어떻게 정리해야 할지를 시시각각 여러 생각에 빠지곤 한다.

게다가 다른 사람에게는 지금 내 상태만으로 한심해 보일 수 있고, 인내심이 부족해 보일 수 있다. 그러나 어디까지나 지금 이 순간은 과정일 뿐 결과는 아니다. 길고 짧은 건 마지막에 재봐야 알 수 있다. 시작한 지 얼마되지 않은 지금 어떤 평가도 내릴 수 없고 내려서도 안 된다.

사람들은 누군가를 평가할 때 그의 인생 전체를 보지 않고 단편적인 부분만을 보며 판단해버리는 경우가 많다. 그래서 그의 인생을 자기네들이 본 부분으로 확대해 결정지어버린다. 그런데 그보다 더 심각한 건 자신과 전혀 상관없는 사람들의 그런 하찮은 결정에 자신의 인생을 결정하게 내버려둔다는 사실이다.

이건 별것 아닌 것 같아도 꽤 심각한 문제다. 지금 나를 살게 하고, 사는 건 누구인가? 남도 아닌 내가 나를 살아내는 것이다. 그래서 내가 내 주인이 되어야 하는데 남이 내 주인 행세를 하지 않는지 수시로 체크하고 자기반성하는 시간을 가져야 한다.

남들과의 비교에서도 그렇다. 남은 남이다. 반대로 나는 나다. 못나도 나고 잘나도 나다. 태어나 물려받은 것을 토대로 내가 원하는 인생을 위해 하나씩 받아들이고 배워서 결국 나를 만들어가며 살면 되는 것이다. 내가 이런 말을 한다고 해서 내가 완벽하거나 잘났다는 말은 아니다. 나 역시 특출난 능력은 없지만 내 인생을 최대치로 끌어올리기 위해 무진장 노력하며 살아왔고 그 과정에서 알게 된 이야기를 독자들에게도 전하고 싶었을 뿐이다.

다시 정리하면 타인의 시선에서 벗어나야 비로소 자신이 보이기 시작하고 결국에는 자신의 인생을 살아갈 수 있다. 세상

사람들을 눈치 보지 말고 세상의 잣대에 동의를 구하려고도 애쓰지 말자. 아무리 세상 좋은 조언이라도 내게 맞지 않다면 그 조언은 내게서 아무런 효과를 발휘하지 못한다.

내가 머물던 길에서, 내가 가고자 한 새로운 길로 접어들기 위해 첫 발걸음을 옮기기란 얼마나 힘든 일인지 모른다. 직접 해 보지 않고서는 그 무게가 어느 정도인지 예측하기 힘들 정도다. 그러나 현실과 타협하기만 한다면 아무것도 이룰 수 없다. 순리대로 사는 삶도 중요하지만 누구나 무조건 따를 필요도 없다. 한 번뿐인 내 인생을 내 맘대로 주무를 수 있는 대담성도 때론 필요한 법이다.

당신도 현실에서 하고 싶은 일이 있다면 한 번 시도해 보라고 말하고 싶다. 그렇다고 아무 생각이나 계획 없이 무작정 하던 일을 내팽개치라는 말이 아니라 자신이 선택한 인생을 살아가려 한다면 먼저 그만큼 책임지는 삶을 살아야 한다. 힘든 순간이 수시로 닥쳐도 이겨내야 한다. 당신이 걸으려는 길엔 그런 힘든 순간이 반드시 오기 때문이다. 하지만 그 순간 마음을 잘 다독이고 자신감으로 추슬러야 한다. 그렇다면 내가 나를 선택해 내 인생을 책임지는 것처럼, 나 역시 내 반려자나 친구를 선택할 수도 있을까.

　내 삶을 꾸려가며 살아갈 때, 내 정신과 마음 그리고 인생 일부를 함께 할 존재를 찾는 건 굉장히 중요한 일이다. 그렇다고 해서 까다롭거나 복잡한 방법이 필요한 건 아니다. 단지 나와 살아갈 방향을 공유할, 최고의 선택이 아닌 마음이 따르는 최선의 선택을 하면 된다.

　내 인생뿐만 아니라 다른 인생도 함께 책임지며 살아가는 일, 당신도 그렇게 당신과 타인을 용감하게 선택해 모두 행복하길 바란다. 물론 당당히 혼자 살아가려는 당신의 인생도 응원한다.

<마음 가는 대로 살자>

나이와 세상 흐름에 따라 정해진 일을 해야 할 때가 있지만
내 마음의 소리도 들어볼 필요가 있다.

늘 계획을 세우고 그 계획에 맞춰 살던 나 역시, 가끔은 마음이
원하는 대로 흘러가고 싶을 때가 있다.
그것이 무엇이든 무시하지 말고 그 흐름이 원하는 걸 허용해줄까
한다.

좋아한다면 일단 부딪쳐보고 시도해 보는 게 내 인생 모토다.
내 인생은 내가 사는 것이니 내 인생을 말해준다 한들 내게
제대로 박힐 리가 없다.
경험상 나는 내가 하고자 하는 일을 과감하게 실천했다.
실패든 성공이든 그 안에서 분명 얻는 것이 있기 때문이다.

현재 내 취미와 관심사를 바탕으로 직업을 삼는다면 나는 과연
행복할까?
그 인생에서 만족할 수 있을까?
오래도록 나를 담궈 즐길 수 있을까?
나는 요즘 이 질문을 늘 염두에 두고 있다.

- 2019. 1. 27. 블로그 중에서···.

퇴사,
그 무거운 이름의 선택

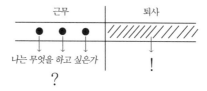

    직장인에게 퇴사란 회사 책상 서랍에 몰래 숨겨둔 사직서처럼, 늘 품고 있는 숙제일 거다. 당장 눈앞에 떨어진 프로젝트를 해야 하지만 그 결과를 생각하면 숨이 턱턱 막혀오고 머리가 지끈거리는, 신입사원 때부터 지금까지 언제나 골치 아픈 일상이다. 목숨이 붙어있는 한 죽는 순간까지 돈을 벌어야 먹고 살 수 있는 것처럼 일은 싫지만 해야 하는 숙명이다.

나 역시 남들처럼 대학을 졸업하고 취업을 하는 동안 아무런 생각이 없었다. 개인 사무실에서부터 대기업까지, 다양한 사람들과 다양한 업무를 했다. 그동안의 경험을 떠올려보면 모든 일들은 개별적으로 존재하지 않았다. 톱니바퀴처럼 서로 연결되어 어느 한 부분에서 유용하게 쓰였다.

그러다 마지막 회사를 퇴사하고 쉬는 도중 문득 떠올랐다. 규칙적이고 평범하게 살던 일상에서 잠시 벗어나서였을까, 지금쯤 이 시간엔 회사에서 무슨 일을 하고 있을 텐데 하는 생각에 나도 모르게 놀라고 말았다. 아직도 벗어나지 못한 것인가.

직장생활을 하기 전부터 이런 생각을 했다면 지금쯤 나는 무엇을 하며 살고 있을까. 어떤 일이든 하면서 또 다른 미래를 준비하고 있지 않을까. 그땐 지금처럼 자조적이지 않고 조금 더 긍정적인 삶을 살 수 있지 않을까.

취업준비를 하는 동생에게도 내 소신대로 조언해주었다. 일단 회사란 곳에 도전해 보고 버텨보다 아니라고 판단되면 나오라고, 아니면 더 알아보고 준비해서 나에게 맞는 조금 더 괜찮은 곳을 찾아보라고 말이다.

예전처럼 평생직장이라는 개념이 사라지면서 많은 취업자들은 이곳저곳 방황한다. 나도 그들과 같은 이유로 그러했다. 최선을 다했고 더 이상은 버티기 힘들다는 이유로 다른 곳을 전전하는 안타까운 그런 모습을 말이다. 그런 내가 과연 사람들을 평가할 자격이 있을까.

오히려 방황해도 자신의 정체성을 고민하는 편이 현실에 안주하는 것보다 낫지 않을까 한다. 아무런 준비도 하지 않고 세월 흘러가는 대로 가만히 머무는 것보다는 뭐라도 더 생각하고 시도해 보는 편이 주체적이지 않을까.

하지만 확실한 사실은 내 선택으로 내 앞에 놓인 퇴사라는 하나의 길을 지나 문이 닫혔다. 이미 닫힌 것에만 몰두한 나머지 인생을 허송세월 할 염려가 있다. 물론 퇴사 후 힘든 순간은 존재한다. 월급과 안정된 소속감, 주변의 인정 등 말이다. 반대로 생각하면 몸은 고달파도 회사생활을 할 때 그러한 조건들로부터 얼마나 위안을 삼았을지 표현하지 않아도 될 정도다.

그러나 지금의 길이 닫혔다는 말은 또 다른 길이 열려있다는 뜻이기도 하다. 요즘은 이 사실을 절실히 느끼고 있다. 하나의 길을 힘들게 접으니 그만큼 다른 일을 시작할 수 있는 길이 생겼다는 사실이 신기하면서도 놀랍다.

앞날의 목표를 위해 새로운 삶이 주어졌다는 사실을 인지하고 이 순간을 기쁘게 살아야 한다. 불안해도 다시금 이전을 돌이키며 후회하는 삶을 살지 말아야 한다. 파커 J.파머는 길이 닫히는 순간에 메시지를 얻지 못하고 저항하는 일은 자신의 본성의 한계를 무시하는 행동이라고 했다. 오히려 퇴사함으로써 내 삶을 위해 고민하고 집중하는 시간을 더 늘리고 내 재능을 발휘할 기회를 기필코 잡아야 한다는 의미리라. 그러니 이미 닫힌 길에 집착하지 말고 아쉬워도 말자.

당신에게 퇴사를 강요하고픈 마음은 전혀 없다. 매일 불안함에 아무것도 못 할 바에야 차라리 직장과 취미생활을 병행하며 만족하는 삶이 더 속 편할 것이다. 그만큼 퇴사의 무게는 정말이지 무겁다.

난 무거운 선택을 했지만 그것을 발판으로 내 인생이 더 가볍고 수월하게 풀리기를 바란다. 반드시 그래야 한다.

<퇴사, 그 무거운 이름의 선택>

사직서를 제출했다.

퇴사 이야기를 꺼내고서부터 사직서를 제출하기까지,

마음이 무거웠다.

내가 선택한 결정이지만 마음이 무거운 이유는 무엇일까.

회사에서 아직 완전히 받아들인 것은 아니지만,

나는 마음을 정했다.

다시 되돌리는 일은 없을 것이라고.

몇 년 동안 고민하고 또 고민한 결과다.

머리에서부터 입으로 말하기까지 꽤 오랜 시간 걸렸다.

오늘 성당에 가서 기도하는데 갑자기 눈물이 핑 돌았다.

그동안 왜 이토록 괴로워했나.

그래도 그동안 정말 고생 많았다는 이야기에,

7년이라는 시간이 주마등처럼 스쳐 지나갔다.

후회는 없다, 정말 최선을 다했으니.

나는 새로운 도전을 위해 인생의 한 부분을 정리한 것뿐이다.

끝이 아니다. 실패한 것도 아니다.

내가 원하는, 나의 꿈에 더 가까워지려고 시도하려는 것 뿐이다.

어쩌면 이 일은 내게 큰 모험이 될 수도 있다.

그러나 길게 바라보았을 때
현재의 고통을 계속 눌러 참기만 한다면
내 한 번뿐인 인생에게 너무 미안한 일이 될 것이다.
이런 식으로 시간만 흐른다면 분명 후회할 것이다.

지금 가만히 생각해 보니, 나는 그다지 모범생이 아니었던 것 같다.
인생에서 중요한 입시 중에도 내가 하고 싶은 일본어 공부를
한다고 2년가량 별도로 공부했고,
입사하고서도 다른 쪽으로 전향한다고 새로운 분야를 배우고
도전했었다.
회사 다니면서 책 쓰기를 배우고 1인 창업도 알게 되었다.
지금은 퇴사를 앞두고 몇 년 동안 알아보았던,
내가 하고 싶었던 일을 찾아보고 있다.

나는 얌전한 편이지만
내 인생을 남들처럼 흘러가는 대로 살려는 성향은 아닌 듯하다.
늘 무엇인가를 배우고 도전했다.
위험할 수 있는 상황에서도
잘될 것이라는 믿음만으로 저돌적으로 나아갔다.
나는 생각보다 꽤 모험과 도전을 즐기는 성향인가 보다.

마지막 출근 후 무엇을 할것인가.
내 머리와 가슴속에 들어있는 생각들을

마구 뽑아내어 정리하고 싶다.
그것이 어떤 형태가 되었든 간에, 실타래 같이 엉킨 것들을
한 올 한 올 풀어내어 제자리에 옮겨두고 싶다.
길게 걸리지는 않을 것 같다.

오랫동안 고민하면서 내면 깊은 곳까지 내려가 본 결과, 참고
버틴다는 것만이 능사가 아니라는 것을 깨달았다.
내 마음이 원하는 대로, 정말 바라고 원한다면 과감히 결정하고
악착같이 노력해야 할 것이다.

앞으로 살아갈 내 인생이 어떻게 펼쳐질지는 모르겠으나,
지금처럼 최선을 다해 살아왔듯 앞으로도 있는 힘껏 최선을 다해
살아갈 것이다.
그리고 제일 중요한 한 가지,
행복과 기쁨을 느끼며 살고 싶다. 진심으로···.

- 2019. 4. 13. 블로그 중에서···.

제대로 가기 위한
포기

"나 자신을 위해 샴페인을 터뜨릴 수 있는 사람.
나는 그런 사람이고 싶다.
내 안의 나를 단단하게 하고, 언제든 나 자신을 위하고,
스스로에 대해 행복해하는 사람."

'높아지기 위해 버려라'라는 니체의 말이 있다. 노랗게 변한 잎이 나무에서 떨어져 사라지듯, 열심히 행동하는 동안 불필요한 것들은 저절로 멀어진다고 한다. 이렇듯 내가 하려는 일에 방해되는 것들은 신경 쓸 필요도 없이 과감하게 던져버려야한다. 모든 것을 안고 갈 수는 없다. 지금 이 순간은 앞만 보고 달려야 한다.

제대로 가기 위해 포기가 생각났는지도 모른다. 단순한 포기와는 현저히 다른 것, 그런데 이렇게 구분 지을 정도로 나는 제대로 살아왔을까. 살면서 포기라는 단어를 얼마나 사용했는가. 악바리 근성이 있는 나는 시작한 일을 끝까지 해내기 위해 항상 애써왔다. 이왕이면 유종의 미를 거두기 위해 힘들 때마다 지금 포기하면 아무것도 남는 게 없다고 스스로를 격려하며 악착같이 해왔다.

포기는 부정적인 말이지만 인생을 주체적으로 살려는 사람에게는 긍정적인 말이기도 하다. 또다른 길을 향해 나서는 삶의 한 과정이기 때문이다. 이렇게 정리하며 사는 삶은 포기를 포기라 하지 않고 또 다른 기회라 부르게 만든다.

니체의 말에 의하면 깊고 넓은 사고의 폭을 가진 사람은 조직에 속하기 적합하지 않다고 한다. 조직이라 함은 사고방식까지도 편파적일 수밖에 없고 그러한 틀 안에 가두어버리는 속성을 갖고 있다. 그래서 조직에서 나오는 사람일수록 사고방식이 넓은 차원에 이르렀다는 증거니 자신을 이상하게 여길 필요가 없다고 한다.

한때 나 역시 '내가 조직에 속하기에 부적합한 게 아닐까'라는 생각을 했다. 업무를 대하는 사고방식이 동료들과 다른 것 같았는데, 분명 이런 방법으로 해결하면 더 잘될텐데 반대로 하는 모습을 보고 내가 이상한 건지 상대가 이상한 건지 알 수 없었다. 그런데 니체의 말을 접하고 나서 내가 비정상이 아니라는 걸 알았다. 그저 나의 사고가 다른 사람보다 좀 더 섬세했을 뿐이었다.

살면서 어떤 삶을 택할 것인가. 안정감을 주지만 단조롭고 매어있는 삶을 택할 것인가, 아니면 불안하지만 자유롭고 행복한 삶을 선택할 것인가. 이 선택은 각자의 몫에 달려있다. 나는 불안함을 선택했다. 처음에는 그 정도가 어느 정도인지 예측할 수 없었지만 요즘엔 그 비중이 점점 커지고 있음을 느낀다. 익숙함에서 벗어나 불안함을 선택함으로써 내 삶의 중요함을 놓치고 싶지 않았다.

대신 기억해야 할 중요한 점이 있다. 이런 삶을 선택하는 사람일수록 자기반성과 계획을 철저히 해야 한다는 점이다. 나의 위치가 어디쯤인지, 어떤 삶을 살고자 하는 것인지를 늘 고민하고 챙겨야 한다. 그렇지 않으면 남들의 의견에 휘둘려 자책

하는 시간만 보내게 될 것이기 때문이다.

지금은 누군가의 의견이 중요하지 않다. 그저 내가 하려는 일을 어떻게 하면 추진할 수 있을지에만 초점이 맞춰져 있다. 하루에도 몇 번씩 떠올리며 어떻게 해결할 수 있을지 고민한다. 기존의 같은 길을 걸어간 사람과 비교하면 한도 끝도 없다. 나는 내 방식대로 끌고 가야 하고, 그럴 것이다.

당신만의 방식은 당신만이 찾을 수 있다. 제대로 산다는 것에는 정답이 없다. 그러나 고민하는 과정을 거치지 않는다는 건 분명 틀렸다고 할 수 있다.

『손자병법』에는 '일보후퇴 이보전진'이라는 말이 있다. 더 많은 것을 얻기 위해서는 잠시 물러서는 순간도 필요하다는 말이다. 살면서 무조건 앞을 향해 내달릴 수만은 없다. 잠시 뒤로 물러나 숨을 고르고 재정비할 필요가 있다.

그래서 나는 제대로 가기 위해 한 걸음 물러선 상태다. 솔직히 지금 상황이 마음 편한 것만은 아니다. 그러나 지금을 기회 삼아 차곡차곡 정리해 나아간다면 분명 지금의 선택에 감사함을 느끼게 될 것이다.

<제대로 가기 위한 포기>

에피소드 1

책 쓰기 과정을 시작해서 출판이라는 단계에 접어들었을 때
문득 이런 생각이 들었다.
'이 길이 정말 맞는 것인가, 이 길이 진정 내가 원하고 나아갈
길인가.'
처음에 이런 생각이 드는 것은 당연하니 무조건 긍정 마인드를
가지고 빠르게 실행하면 된다고 주변 사람들은 말했다.
처음엔 나도 그런 줄 알았다.

그런데 시간이 지날수록 내 능력보다 과대포장해야 하는 상황이
부담스럽고 내키지 않았다.
원래 내가 원하던 길이 아닌 길로 들어서야 하는 현실이
마음을 무겁게 짓눌렀다.
지금 이 길로 성공한 사람을 따라 쭉 나아간다면 말 그대로
부자가 될 수도 있을 것이다.
그러나 나의 오랜 취미를 버리면서까지
이 일에만 몰두하기에는 내 마음이 허락치 않았다.

내가 이 분야를 포기한 건 완전한 포기가 아니다.
내 마음이 진정으로 원하지 않는다는 것을 깨달았기 때문에
잠시 일보 후퇴하는 것이다.

만약 주변의 성화에 못 이겨 눈감고 그냥 따라갔다면
언젠가는 후회할 날이 올지도 모른다.
나의 능력을 있는 그대로 보여주며 인정받는 삶을 살기 위해
그동안 걸어왔던 길을 포기한 것이다.
그동안 공들인 내 노력과 투자한 비용이 정말 아깝고 눈물나지만,
아니라고 생각했을 때 그만둔 것이 얼마나 다행인지 모른다.

에피소드 2

2012년, 회사를 입사하여 길지도 짧지도 않은 직장생활을 했다.
내가 열심히 하고자 하는 노력과는 달리 잦은 조직 개편과 업무
불분배, 책임 회피 등 내부의 실상이 드러나면서 많은 실망을
했다. 도대체 왜 이모양인가 하는 회의감마저 들었다.
일기장을 쭉 훑어보니 곳곳에 퇴사 이야기가 적혀있었다. 이런
이야기는 정말 마지막 순간에 해야 하는, 신중해야
하는 소재라는 것을 잘 안다. 그런데도 나왔으니 내 마음이
오죽했겠는가.
정말 모든 것을 포기하고 싶을 정도로 우울한 날들이었다. 밤마다
눈물이 났다.
급여와 복지가 좋은 회사를 그만둔다는 것은, 배부른 소리에
지나지 않는다고 다들 하나같이 말했고 그런 눈치였다.
현실적으로 생각하면 그런 혜택을 포기한다는 건 정말 아까운
일이지만 그렇다고 계속 다니자니 하루하루가 죽을 맛이었다.

몇 년동안 가슴에 담아왔던 '퇴사'를 왜 실제로 못 했었는가.
게다가 지금은 아무런 준비가 되어있지 않은데도 퇴사하려는
이유는 무엇일까.
버티는 데 한계가 왔고, 버틴다는 것만이 능사가 아니라는
생각이 들었다.
억지로 하루의 시간을 보낸다는 것이 정말 시간 낭비고 인생이
아까웠다.
직장생활을 하고 싶어서 하는 사람이 어디 있겠냐마는 인생을
멀리 바라볼 땐, 늦었지만 지금이라도 내가 원하는 일을
시작하고 싶다. 더 늦어져 아예 기회가 사라지기 전에 말이다.

결론

'포기'는 가급적이면 하지 말아야 할 것으로 여겼다.
일단 시작한 일은 끝까지 끌고 가야 한다는 생각으로
무척 애를 썼다.
유지하지 못할 일이라면 아예 시도조차 하지 않는 것이
낫다고 생각했다.

그런데 이러한 생각의 모순에서 벗어났다. '인생은, 무조건
포기하지 않고 달려가는 것이 아니라, 걸어왔던 길을 돌아보고
점검하며 방향을 다시 잡고 나아가야 한다는 것' 그 사실을

깨달았다.

왜 이제야 깨달았을까. 더 빨리 알았더라면 실패란 없었을까.

아니라고 본다. 다양한 시도와 실패를 해 보았기에 경험을 통해

이러한 사실도 발견할 수 있는 것이다.

지금 이 길만이 정답이 아님을 알고

다른 가능성과 기회를 함께 지니고 나아가야 한다.

제대로 가기 위한 포기. 그렇다, 난 하나뿐인 내 인생을

내가 원하는 방향으로 이끌기 위해 과감히 현재를 포기했다.

대신 내 꿈을 선택했다.

정말 이마저도 훗날 내 꿈이 아니었다고 말할지도 모른다.

그러나 간절히 원했던 것을 실패했을 때가,

원치 않은 것을 참고 나아갔을 때보다 훨씬 능률이 오를 것이다.

지금이 아니면 그것이 언제 될지 어떠한 기약도 없기에

미루고 싶지 않았다.

지금이 아니면 후회할 것 같았다.

'세상에서 가장 큰 선물은, 자기 자신에게 기회를 주는 삶을

사는 것.'

나는 이번 기회에 나에게 기회를 주려 한다.

앞이 그려지지 않는 불투명한 상황 속에서도 내가 원하는 모습을

막연하게나마 그려봄으로써 하나둘씩 이루어나가고 싶다.

- 2019. 4. 14. 일기 중에서···.

5부

비로소
행복의 시간

가능한 한 행복하게 살아야 한다.
그러기 위해서는 현재를 온몸으로 즐기고 마음껏 웃어야 한다.
이것은 내가 해결해야 할 가장 시급한 문제이기도 했다.
어차피 인생은 아무도 모르는 일이 펼쳐진다.
앞이 보이지 않는다고 두려워 말고 예측할 수 없다고 걱정하지
말아야 한다. 닥쳐서 고민하고 생각하면 된다.
그리고 거침없이 나아가야 한다.

삶이 나에게
해답을 줄 때

*"내가 하고 싶다고 다 되는 것도 아니고
내가 하고 싶지 않다고 하지 않아도 되는 것도
아니었다. 그래서 인생이 어렵다."*

졸업 후 오랜만에 만난 교수님과의 식사 자리에서 내 상황을 걱정하며 토로한 적이 있다. 낭비하지 않는 삶을 살기 위해 나름대로 세밀하게 계획을 세우고 실천했는데 막상 결과가 좋지 않아서 실망스럽다는 점. 그리고 눈에 보이는 결과가 없어 계속할 것인지 고민된다는 점이었다.

교수님께서는 말씀하셨다. '내 행동의 결과는 사오십 대가 되어서야 어느 정도 나타난다고, 고작 30대 초반은 그런 걱정할 것 없이 하고 싶은 만큼, 생각하고 싶은 만큼 행동하면 된다'고 말이다.

어떤 일을 하기에 앞서 관련 전공이 아니면 '내가 그 일을 잘할 수 있을까' 끊임없이 고민했다. 비전공자라 그 일을 해내기에 부족할 거라는 생각을 밑바탕에 깔고 접근했으니 잘될 턱이 있을까. 교수님은 그런 전공은 따질 필요가 없으며, 학교의 전공이 아니라 인생의 전공이 더 중요하다고 하셨다. 그래서 지금 하는 일을 하면서 OX 논리로 따지지 말고 내 시간을 활용해가며 미래를 구상하라고 하셨다.

교수님과의 만남은 이래서 언제나 유쾌하다. 걱정했다가도 어느 순간 실마리가 풀리는 기분이 들기 때문이다. 식사 자리에서 하신 말씀 한마디 한마디가 내 마음을 두드렸다. 한 귀로 듣고 넘기기엔 너무 값지다. 그래서 잊어버리기 전에 그 자리에서 바로 메모해두었다.

얼마 전까지만 해도 지금 내 상황은 최악이라 생각했다. 이 순간에서 벗어나지 않으면 인생에서 큰 손실을 맞닥뜨리게 될 것만 같았다. 최악의 상황에서도 긍정을 생각하라지만 도저히 방안이 떠오르지 않았다. 이렇게 앞이 꽉 막힌 것처럼 답답할 땐 어떻게 해결해야 좋을까.

조앤 치티스터 수녀의 말에 의하면 삶은 각각 분리된 순간으로 구성된 게 아니라 모든 순간이 연결되어 완성되는 한 편의 드라마라고 했다. 그래서 각각의 경험과 순간이 중요하다고.

나는 이전의 삶이 마음에 들지 않으면 그것을 잊고 새롭게 출발하려고 했었다. 그러나 그것도 내 삶의 일부였고 다음 삶을 살기 위한 밑거름이 되는 중요한 순간이라는 생각이 들었다. 그때는 왜 그걸 몰랐을까. 잊어버려야 하는 과거가 아닌 앞으로의 미래에 보탬이 되는 자산이었던 것임을 말이다. 최악이었던 상황도, 실패로 인해 나락으로 떨어져 버렸던 상황도 모두 내게는 소중한 경험이었다.

정신건강의학과 교수이자 작가인 신영철 박사는 말한다. 인생은 결코 짧지 않다고. 살다 보면 꽤 길다는 것을 느낄 거라고 말이다. 흔히들 인생은 짧다고 말하지만 막상 하루하루는 길게 느껴질 때가 있다. 그만큼 내가 하는 일로 힘에 부치거나 지루함을 느끼는 경우에 그럴 것이다.

그렇다면 긴 인생을 살려면 어떻게 살아야 할까. 나이가 몇 살이든 후회하기는 아직 이르다. 학업이든 일이든 무엇이든 간에 지금부터 다시 시작하면 된다고 생각한다. 모든 것이 언제가 되었든 내 마음에서 출발해 마무리되니, 한 가지 일에 치우쳐서 조바심 낼 필요도 없다.

지금 하려는 일도 어떻게 보면 남들보다 뒤늦게 시작하는 일일지 모른다. 그러나 내 인생만 놓고 길게 생각했다. 배우는 기간과 시행착오의 시간을 고려하면 지금 시작해도 빠른 결정이라고 말이다. 이처럼 상황이 형편없어도 내가 마음을 어떻게 다짐하느냐에 따라 같은 시간을 더욱 행복하게 보낼 수 있다고 생각하기 시작했다.

삶은 언제 나에게 해답을 주는가? 결정의 길에 섰을 때, 뚜렷한 방향을 제시해준다면 얼마나 편할까! 그러나 절대 그런 일은 일어나지 않기에 고민하며 하루를 살아야 하는 우리다. 때론 곤경에 처하고 막다른 길이라 생각될 때가 많겠지만 그럴수록 방향을 바꾸려고 애를 써야 한다는 것, 방황하면서도 노력을 해야만 다른 길로 나아갈 힌트를 얻을 수 있다는 걸 깨달았다.

그렇다면 지금은 해답을 얻었을까? 미래의 일을 100퍼센트 장담할 수는 없지만 나는 하나의 해답을 얻었다. 내가 뛰어든 세계에서 또 다른 방황을 하게 될지언정 앞으로 나아가려 한다. 정답이 아닌 해답으로써 내 갈 길을 계속 찾아나서는 중이다.

당신도 삶의 해답을 얻고 싶지 않은가? 그렇다면 내면의 변화를 꾀하고 적극적으로 고민해야 한다. 모든 것은 당신 마음에 달려있다. 하느냐 마느냐는 결국 당신이 결정해야 한다. 누구와 비교하는 삶이 아닌 오로지 당신만의 삶을 찾아 충실하게 살아가기를 바란다.

<변화는 나를 정말로 성장하게 하는가>

늘, 변화해야 한다고 생각했었다.
우물 안의 개구리가 아닌, 그 안을 뛰어넘어 바깥으로 전진해야
한다고 생각했었다.
지금 상황에 만족하지 말고 나 자신의 성장을 위해 변화가
필요하다는 생각을 많이 했다.
특히 회사업무로 지쳐가는 내 모습을 보며 절실한 변화를 느꼈고
갈망했다.
그렇게 시작하고 시도한 것들은 결국 나를 변화시켰는가.
외적인 성장, 즉 눈에 보이는 성과는 없었지만 내면의 성장은
확실히 했다고 생각한다.
내가 노력하고 집중한 만큼 나 자신도 그만큼 크고 변화했다.
이것은 눈에 보이지 않는 것이기에 증명할 만한 그 무엇도 없다.

그러나 내가 안다.
아무런 시도 없이 현실에 안주했을 때 느끼는 불안감과 익숙함,
그리고 도태되는 느낌…
불편하고 어색하고 걱정되더라도 시도했을 때 느낀 열정과 흥분.

그래서 변화는 정말 힘든 것이다.
노력뿐만 아니라 강한 의지가 있어야 한다.
그렇다면 나는 왜 자꾸만 변화하려 하는가.

현실에 만족하지 못해서인가. 아니면 더욱 성장하기 위해서인가.
누가 시켜서가 아닌 스스로의 결과물이다.
결국 이것은 '내 행복 찾기 과정'의 일환이다.

어떤 형태가 되었든 간에 나는 살아있는 동안 행복하고 싶고
그 행복을 먼 미래가 아닌 지금 느끼고 싶다.
그래서 변화하려는 것이다.

매일 볼 때는 아무것도 아니지만, 먼 발치서 되돌아보았을 때는
어느덧 과거로부터 멀리 떨어져있는 자신을 발견하곤 한다.
열매를 맺는 것, 그것은 고통을 수반하지만 내 안의 뿌리를 더욱
단단하게 만드는 고리면서도 뜻깊은 과정이다.

- 2019. 4. 8. 블로그 중에서...

나를 행복하게
하는 것들

열심히 살아온 시간은
인생을 행복하게 한다.

"Are you happy now?"

외국인 동료의 질문에 나는 대답할 수 없었다. 당시 나는 꽤
힘든 상황에 놓여있어 누가 건들기라도 하면 눈물이 왈칵 쏟
아지기 일보 직전이었기 때문이다.

그 사람은 내게 단순히 질문했을 수도 있고 내 상황을 알고 있어서 그렇게 질문했을 수도 있겠다. 어쨌든 나는 그 질문에 가볍게도 무겁게도 대답할 수 없었다. 네, 아니요로 답할 수 있는 단순한 질문이 아니었던 터라 그 순간에도 꽤 고민했던 생각이 난다. 아니, 단번에 대답하기 싫었다는 게 솔직한 마음이었다.

오랫동안 고민해왔기에 나를 행복하게 만드는 게 무엇인지 잘 알고 있다고 생각했다. 그러나 안다고 생각하면 또 모를 일이었다. 시간을 투자해서 한순간에 정답을 얻는 것이 아니라 매 순간 노력하여 얻은 결과물을 삶에 반영하며 살아야 하는 게 인생임을 깨달았다.

한국 사람들의 행복지수가 낮다는 연구 결과는 이제 아무에게도 호기심을 불러일으키지 못한다. 하지만 반대로 생각해 보면 행복지수가 낮다는 것은 곧 행복한 상태로 나아갈 가능성이 많다는 말도 된다. 그러나 진정한 행복의 의미를 찾지 못한다면 행복은 나와는 먼 이야기가 되고 말 것이다.

물질적인 생활에서 벗어나 정신적으로 얼마나 성숙해있는가, 인생을 충분히 책임지고 살아갈 건강한 정신을 갖고 있는가, 살아지는 대로 사는 게 아닌, 매 순간 살아있음을 느끼고 주체적으로 살고 있는가?

이 질문에 정답은 없는 것 같다. 각자의 인생을 사는 것이기에 누구도 함부로 긴드릴 수 없으며 간섭할 수도 없다. 중요한 사실은 마음속에 기쁨을 품고 현명함을 가져야 한다는 것이다. 그러나 그렇게 사는 건 생각보다 어렵다. 늘 현명한 판단을 내리게 해달라고 기도한 적은 많지만 막상 판단을 내려야 할 상황이 닥치면 내 머리와 마음은 새하얀 공백이 되어버렸다. 기쁨도 아무런 조건 없이 편히 받아들여야 하는데 그것이 왜 힘든 일이 되었는지 가끔은 슬프다.

앞서 언급한 엘리자베스 루카스 저자의 책 『기쁨 사용법』의 기쁨을 만드는 여섯 가지 레시피에는 아름다운 시간 적기, 하루 동안 좋았던 일 돌아보기, 내가 좋아하는 일하기, 태연해지기, 감사하기, 자신감 찾기가 나온다. 그중에서도 '내가 좋아하는 일을 한다'는 레시피가 가장 마음에 들었는데 그건 분명 인간이 지닌 욕구 중 하나일 것이다. 능동적으로 사는 것이 얼마나 큰 기쁨을 주는지를 실제로 겪는다면 더없이 행복한 일이기 때문이다. 그래서였을까, 하기 싫은 일이지만 참고 해내야 한다는 부담감 때문에 불행하다고 느낀 것 말이다.

갖지 못한 욕망 때문에 내가 가진 것을 망치지 말라 했다. 지금 가진 것이 한때는 간절히 바랐던 것이었음을 기억하라고 했다. 초심으로 돌아가면 지금 하는 일도 내가 예전 언젠가는 원했던 일이다.

노동의 대가. 그것은 살면서 싫어도 해야 하는 당연한 것이고 삶의 이치다. 그러나 삶의 이치를 따지기 전에 내 마음의 진정성도 한 번쯤은 따져보아야 한다. 순리대로 하긴 하지만 마음이 기꺼이 따라가는지를 확인해 봐야 한다.

미래의 꿈을 위해 현재를 낭비하고 있지는 않은지의 물음에 아니라고 대답할 것이다. 과거에도 최선을 다했고 현재도 그렇고 미래에도 그럴 것이기 때문이다. 행복의 기준은 이처럼 내가 얼마만큼 생각하고 있느냐에 따라 달라진다는 것을 느꼈다.

그렇다면 열심히 살아온 시간은 지금 나를 행복하게 만드는가. 가시적 측면에서는 아직 아니다란 대답을 할 수밖에 없다. 그래서 종종 슬픔을 느낀다. 그러나 내면은 전보다 많이 성숙해졌다. 물론 긍정적인 의미에서지만 그것이 나를 울컥하게도 만든다.

좋아하는 일만 한다고 해도 매일이 행복할 수는 없다고 한다. 그 어떤 꿈도 24시간 가슴을 뛰게 만들진 않으며, 그 어떤 고통과 행복도 하루에 절반씩 나누어 주어진다고 한다. 다만 맡은 일을 오랫동안 해 보니 결과적으로 가슴 뛰는 일이었다고 생각한다는 것이다.

물론 모든 일에는 힘든 상황이 존재한다. 그러나 그 상황을 어떻게 받아들이고 견디느냐에 따라 일은 보람이 될 수도, 절망에 빠질 수도 있다. 하지만 진정 내가 하려는 일이라면 지금의 고통을 묵묵히 받아들이는 힘이 생기지 않을까. 설령 지치더라도 오래지 않아 훌훌 털고 다시 일어날 용기 또한 생기지 않을까.

그때의 감정들을 모두 글로 표현하자니 어렵다. 누에고치에서 실을 뽑아내듯 내가 느낀 감정 그대로를 한 올 한 올 풀어내고 싶은 반면 전달이 쉽지 않아 아쉬울 뿐이다.

지금은 고되지만 행복한 시간이기도 하다. 국물을 우려내면 시간이 지날수록 더욱 진해지듯 아낌없이 더욱 행복한 시간을 누리기 위해 지금을 견디고 성찰하는 시간으로 생각하려 한다.

누군가가 물으면 나는 행복하다고 당당히 말할 수 있는 날이 오도록 해야겠다. 지금도 충분히 행복하지만 그 마음에 조금 더 비중을 눌러 담고 싶다. 머지않아 그렇게 될 것이다. 그 일이 지금으로선 나의 가장 큰 목표다.

당신의 행복 기준은 무엇인가? 그것이 어떤 형태든 당신의 행복 실마리를 잘 풀어나가면 좋겠다. 어떻게? 맨 처음 내가 받은 질문을 본인에게 해 보는 것을 시작으로 말이다.

"Are you happy now?"

<고됨을 거쳐야 더욱 빛을 발하는 행복>

공원 산책길에 앉아 잠시 생각에 잠겨본다.
5월의 따스한 햇살이 비추는 가운데
나무 잎사귀는 선선한 바람에 사라락 소리를 낸다.
별 이름 없는 들꽃이라도
잔디와 어우러져 수수함을 더한다.
이 순간이 계속되면 얼마나 좋을까.
자연의 소리와 향기는 마음을 언제나 차분하고 따뜻하게 만든다.
모처럼 느껴보는 햇살도 감사하다.

문득 이런 생각이 들었다.
이러한 행복도 평소 고통을 겪어야
더 행복하게 느낄 수 있지 않을까.
매일 행복하면 그 가치를 느끼기 어렵듯,
삶의 고됨과 힘듦을 통해 순간을 더욱 행복하게 느끼지 않을까…
매일 행복하면 더할 나위 없겠지만
사실 살다 보면 쉽지 않은 일이다.

힘들고 속상하다가도 가끔 발걸음을 돌렸을 때
마주친 행복은 나를 평안하게 만들어준다.
그렇게 생각하면 지금의 시련도 더욱 행복해지기 위한
준비과정이지 않을까.

그렇기에 좌절하지 말고 꿋꿋이 이겨내야

언젠가 마주칠 행복을 실감나게 맛볼 수 있지 않을까.

지금 이 순간도 내가 결정한 것이기에

포용하고 감사해야 하지 않을까.

– 2019. 5. 6. 블로그 중에서...

두 번째 명함
그려보기

필요로 하는 곳에서
아름다운 연주를….

Amateur 연주자
박지혜

명함을 받아보면 보통 그 사람이 소속되어있는 회사와 부서, 직급이 나와있다. 그것은 명함 주인을 둘러싸고 있는 존재로 때론 그 사람 자체를 대변해주기도 한다. 그러나 명함 주인을 끝까지 지켜줄 존재는 아니다. 그들은 언제든 서로 헤어질 수 있으며 한순간에 명함에서 사라질 수도 있다.

크리스 길아보의 책『두 번째 명함』에서 기쁨, 몰입, 보상을 언급한다. 일을 할 때 기쁨을 느끼고, 잘하는 일을 할 때는 몰입이라는 경험을 하게 된다. 그럴 때 얻는 보상은 나를 지탱하고 유지하게 해준다는 내용이다. 저자는 이 세 가지 모델을 활용해 자신에게 맞는 가장 좋은 길을 찾으라고 말한다.

무엇인가 색다른 일을 해 보려고 주변 사람들에게 말해 보면 보통은 이해하지 못했다. 꿈의 목록에 비해 그 능력을 보여줄 만한 확실한 증거가 없기 때문이다. 어디까지나 내 머릿속에서만 존재하는 계획이기에 그들에게 공감을 불러일으킬 정도로 시각화하지는 못했다. 물론 내 꿈에 그들의 동조를 구할 필요는 없지만 누군가를 설득시킬 정도라면 내 꿈은 그만큼 더욱 현실적인 것이다.

언젠가 두 번째 명함이라는 명목으로 내 명함을 그려본 적이 있다. 지금의 꿈과는 약간 다른 방향이지만 내가 하고 싶은 일을 하고 살고 싶어서 나름대로 그려보았다. 그 시도는 내 버킷리스트와 마인드맵이 많은 영향을 주었다.

버킷리스트는 흔히 알고 있는 to do list와 비슷한 개념으로 죽기 전에 꼭 했으면 하는 바람을 나타낸 개념이다. 내 첫 공저인 『보물지도 15』를 통해 버킷리스트 중 일부를 표현한 적이 있다. 글로 표현하려니 생각보다 쉽지는 않았는데 무엇보다 머릿속으로만 머물던 그림들을 글로 풀어내야 한다는 점에서 생각보다 오랜 시산이 걸렸다. 그러나 그 작업으로 내 생각을 글로 섬세하게 풀어낼 수 있다는 자신감을 얻었다. 그 덕분에 지금 이렇게 글도 쓸 수 있게 되었다고 생각한다.

마인드맵은 어렸을 때부터 내가 애용하는 방법으로, 암기하거나 생각을 정리할 필요가 있을 때 이 방법을 사용하면 막힌 생각의 물꼬가 트인다. 가로식 메모는 생각을 표현하는 데 한계가 있다. 그러나 마인드맵은 생각에 생각을 거듭하는 방식이기에 자유자재로 모든 생각을 한 곳에 표현할 수 있다.

이런 방법으로 내 두 번째 명함도 그려볼 수 있었다. 허구인데 그리 공을 들일 필요가 있겠냐고 물을 수도 있겠다. 그러나 허구라 해도 실제로 그려보는 것과 그리지 않는 것에는 확연한 차이가 있다. 실제로 그려본다면 그것의 어려움 또한 느낄 수 있기 때문이다. 물론 한 번에 모든 결과가 나올 수는 없다. 다양하게 생각해 보고 시도해 본 결과 두 번째 명함이라는 창작물로 나타낼 수 있었다.

이 명함은 누군가에게 전달하기 위한 목적이 아닌 나를 돌아보며 내 꿈을 구체화하기 위한 일련의 과정이다. 물론 나중에라도 내 꿈의 계획이 차곡차곡 들어서고 실현하기 시작했을 때쯤이라면 실제로 전달할 수도 있을 것이다.

생각만 하지 말고 구체적으로 눈에 보이도록 적는 일은 정말 중요하다. 바라기만 하는 것보다는 표현함으로써 이루어질 가능성이 현격히 높아지기 때문이다. 나는 오랫동안 이런 방법으로 내 꿈을 표현하고 있고 현실화하기 위해 힘쓰고 있다.

명함은 내가 원하는 미래의 모습대로 한 개가 아닌 몇 개를 그려본 것 같다. 그 시도는 어느 날 지인이 처음 내게 준 명함과는 다른 명함을 주었을 때 '아, 나도 이런 식으로 내 미래를 설계해 볼 수도 있겠다'란 생각으로 시작되었다. 명함이란 나를 표현하는 수단에 불과한 것이니 또 하나 생긴다고 해서 죄책감을 가질 필요는 없다. 주변 사람들이 나를 어떻게 바라볼지를 걱정하지 말고 내 마음 가는대로, 내가 하고 싶은 대로 나를 표현하면 되는 것이다.

요즘은 자기 PR 시대다. 어떻게 나를 각인시키느냐에 따라 나의 인식도 달라진다. 남을 지나치게 고려해 나를 바꿀 필요는 없지만 스스로에게 얼마나 자신감을 갖고 표현하느냐에 따라 이 시도는 완성될 수 있다. 가장 중요한 건 내 자신감이다. 그렇기 때문에 자존감을 높여야 한다.

자존감은 누가 대신 만들어줄 수 있는 것이 아니다. 오로지 내가 감당하고 지켜나가야 한다. 때론 주변 사람이나 세상으로부터 상처를 받아 자신감이 떨어지고 주눅 들기도 한다. 그럴 때는 목적을 상기해 보면 어떨까? 주변의 상황을 내가 가진 목적으로 꺾어버릴 수 있는지, 반대로 내 목적이 주변 상황으로 인해 사라질 수 있는지를 말이다.

상황이 지나치다 싶을 때 그 순간을 벗어나버렸다. 그래야 내가 살 수 있고, 내 자존심도 보호받을 권리가 있으니까. 당신도 한 번쯤 생각해 보면 좋겠다. 어떻게 자신을 보호하고 어떻게 가꿔나갈 것인지를….

<꿈을 이루려면 일단 시도부터 해야 한다>

'꿈'을 이야기를 해 볼까 합니다.
I have a dream. 저에게는 꿈이 있습니다.
생각만 해도 기분이 좋아지고 아드레날린이 마구 샘솟는 그런
꿈입니다.

작년『보물지도 15』공동저서 과정을 통해 제 버킷리스트를
소개했습니다.
제가 써내려 간 내용이 가장 처음에 나오는데 총 5꼭지 중에서
세 가지가 플루트와 관련된 이야기입니다.

저에게는 아직 시도해 보지 못한 오래된 꿈이 있습니다.
제 꿈은 플루트 관련 활동을 하는 것입니다.
크게 요약하자면, 첫째, 플루트 수리과정을 배우고 싶습니다.
우리나라에는 아직 정규과정이 없어 평생교육원에서 짧은
기간 동안 수료하는 방법밖에 없다고 합니다. 유럽이나 미국,
일본의 경우 악기 수요가 높기 때문에 수리과정도 정규과정으로
배울 수 있다고 하네요.
수리라 함은 악기를 분해해서 패드 교체, 광택 내기, 찌그러진
부분 펴기, 헤드 코르크 교체 등 다양한 범위의 작업입니다.
세심한 작업을 요하는 일인데 저는 세밀한 작업을 좋아하기에
그 일을 배우고 싶습니다. 약품을 사용하는 일이라 되도록
여성에게는 추천하지 않는다고 합니다. 그러나 하기 싫은 일을

하는 것보다는, 몸에는 좋지 않다 해도 하고 싶은 일을 하면서
사는 것이 더 행복하게 사는 길이라 생각됩니다.

(중략)

요즘 제 인생 최대 고민은 '무엇을 하며 살 것인가' 입니다. 제가
정말 하고 싶고 가슴 떨리는 일을 하면서 살 수는 없는 것일까요.
현실의 벽에 부딪쳐 늘 그 꿈을 외면해야 할까요.
지금까지는 그렇게 살아왔습니다. 그런데 늘 가슴 한 구석은
아리고 생각나고 자꾸만 손길이 닿는 그런 느낌이었습니다.
한 번뿐인 인생을 살아가면서 하고 싶은 일을 하지 못해 한으로
만든다는 것은 정말 슬픈 일이 될 것입니다.
꿈을 이루기 위해서는 일단 시도하고 도전해야 합니다.
계획만 세워서는 안 됩니다. 어떤 형태가 되었든 계획에
한 발짝 내딛는다면 분명 지금보다 나아질 것이라 믿습니다.
'뜻이 있으면 반드시 길이 있다' 이 말을 믿습니다. 그래서 그
도전, 지금부터 시작하려 합니다. 꾸고 있는 모든 꿈들을 이루기는
힘들지라도 그 꿈을 향해 하나씩 시작해 보려 합니다.
간절히 원하는 꿈이 있다면 주저하지 말고 올해는 꼭 시작하는
한 해 보내시기 바랍니다.

- 2019. 2. 8. 블로그 중에서···.

지금을
살기 위해

"행복은 어디서 뚝 떨어져 내게 오는 게 아니에요.
지금 이 시간에 집중해서 최선을 다할 때,
그 하루하루가 쌓여 행복한 미래가 되는 거예요."

지금 이 순간 '여기'에 집중했던 시간을 떠올려보았다.

가장 뚜렷하고 생생하게 느꼈던 내가 살아 숨 쉬는 순간들을 독자들과도 공유해 보고자 한다.

<새벽 아침>

새벽 아침
촉촉이 비 내릴 때
한 그루의 나무 아래
아지랑이 피어있는 강아지풀
소복한 그 모습이 참 행복하다.

– 2016. 7. 12. 메모 중에서···

<오늘 같았으면>

연두색. 초록색.
그 어느 날보다도 유난히 투명하고 환하게 보이는 동네 풍경.
내 마음이 그래서일까.
내 마음이 투영되어 보이는 걸까.

저절로 눈이 떠지는 아침과
보고 싶은 사람을 만나러 가는 아침과
일찍 일어나 내가 하고 싶은 일을 하는 아침과
이런 아침을 기분 좋게 맞이하는 내 마음을.
항상 오늘 같았으면.

– 2019. 6. 22. 메모 중에서···

<그날의 기분처럼>

매일이 새벽의 기분처럼 그대로이면 얼마나 좋을까.

저절로 눈이 떠지고

부지런히 준비하고

설레는 하루를 맞이하는 것이 언제였던가.

지금의 하루를 개선해야 할 필요가 있다.

- 2019. 3. 17. 메모 중에서...

<밝아옴을 오롯이 느낄 때>

새벽이 너무 밝아서

눈을 뜨고 제대로 바라볼 수 없었다.

나에게 하루가 이토록 밝았던가.

한동안 몰랐던 것들에

눈과 마음이 떠지는 순간이었다.

제대로 바라보자.

나의 하루를, 나의 미래를.

- 2019. 6. 16. 메모 중에서...

<창밖에 너는>

창밖에 너는
미래를 고민하며
매일 나아가는
여리지만 당찬 여인.

인생 길게 생각하면
지금의 힘듦은
아무것도 아닌 것.

나는 다시
너의 열정 넘치는 모습을 보고 싶다.
누구의 눈에 비친 것이 아닌
네 스스로 충분히 느끼는
그 모습을.

- 2018. 11. 14. 메모 중에서...

어느 날 새벽 문득 떠오른 이 생각들 덕분에 매일 오는 새벽이라도 그날만큼은 특별하게 다가왔다. 머리가 맑아지고 긍정의 힘이 샘솟았다. 자연이 주는 신비함이 참 감사하게 느껴지는 하루였다.

메모한 시간대를 보니 대체로 새벽이다. 그만큼 새벽은 나에게 영감을 주고 살아있음을 느끼게 해준다. 그래서 나는 새벽을 좋아한다.

현재를 살기 위해 나는 어떠한 노력을 했던가. 미래에 더 잘살기 위해 지금을 투자하고 노력했던 기억이 대부분이다. 그런데 현재에 초점을 맞춘다는 건 생각보다 어려운 일이었고 지금도 다소 그렇다. 오늘 하루도 더 나은 내일을 위한 과정으로 생각하기 쉽기 때문이다.

나는 가끔 단순해질 때가 있다. 지나간 일을 잊어버리고 새롭게 시작하면 된다는 단순무식한 생각을 할 때가 있다. 하지만 어쩌겠는가, 이미 지나가버린 것을. 그 일에 집착하면 오히려 더 스트레스 받고 눈앞이 깜깜해지는 것을….

조명연 신부는 책『나 보란 듯 사는 삶』에서 다음과 같이 말했다. 과거의 성공을 잊어버려야 한다고. 그리고 과거의 실패도 잊어야 한다고. 더 나은 미래의 희망으로 지금 나 자신이 하는 일에 최선을 다할 수 있어야 한다고 말이다. 그렇다, 과거의 결과에 얽매일 필요는 없다. 과거는 과거일 뿐이다. 과거의 성공이 미래까지 책임져준다는 보장도 없다.

현재에 초점을 두어야 후회 없는 미래를 만들 수 있다. 지금을 살아야 지금 이 순간을 자신감 넘치게 만들 수 있다.

요즘 들어 '현재에 집중하는 삶'을 절실히 느끼는데 당신도 시도했으면 좋겠다. 그리 어렵지 않은데 하루 중에서 짧게라도 시간을 내어 나를 돌아보면 된다. 그러면 분명 자신에게 느낌이 오는 때가 있다. 나처럼 새벽일 수도 있고 자기 전일 수도 있다. 사람마다 다르겠지만 중요한 건 그 시간을 통해 나를 돌아볼 수 있어야 한다는 점이다.

지금 이 순간도 나는 내가 원하는 모습을 그리며 내가 가진 역량을 개발하기 위해 애쓰고 있다. 부모님 눈에는 철부지 없고 부족한 자식이겠지만 그래도 늘 생각하고, 깨어있고, 도전하며, 발전하려는 내 삶이 난 참 마음에 들고 좋다. 부족해도 살아볼 만한 삶 아니겠는가!

<외면과 내면>

'내가 하고 싶은 일에 합당한 이유가 있는가?'
이 질문을 그 사람을 좋아하는 이유가 무엇인지 묻는 것과 같다.
단지 마음이 끌리고 관심 가고 함께하고 싶은 이유처럼 말이다.
일도 마찬가지다. 관심 가고 배우고 싶다. 그 일을 하는 내 모습을
상상하면 뿌듯하고 행복해진다.
그 이유가 무엇인지, 정말 타당한 것인지 이성적으로만
따진다면 그 어떠한 도전도 시작할 수 없을 것이다.

아무리 부귀영화를 누린다 해도 내가 원하는 일들을 할 수 없다면
무슨 소용이란 말인가.
모두가 부러워하고 우러러보는 위치에 있다고 한들
내 마음이 편치 못하면 그 무슨 소용인가.
예전에는, 아니 얼마 전까지만 해도 주변의 기대에 어긋나지
않고 살기 위해 애를 썼다.
그러나 참고 버티는 것이 한계에 다다르자 번아웃 상태가 되어
의욕과 열정이 사라져 자신감마저 떨어졌다.
언제나 행복한 사람이 되고 싶었다. 늘 그 질문을 잊지 않았기에
나의 계획에는 그 부분에 초점이 맞추어져 있었다.
정신적으로 건강하고 기쁨을 느낄 줄 아는 사람이 되고 싶었다.

채사장의 책 『우리는 언젠가 만난다』에는 이런 말이 나온다.

"폭풍같이 몰아치는 수많은 타인의 말을 헤치고 그것에 마음 뺏기지 않으면서, 다만 내가 처음 가고자 했던 길을 묵묵히 걸어야 한다고 생각했다."

내 스타일대로 살아야 한다는 뜻이다. 어느 누가 조언해준다고 해도 단지 조언일 뿐 내가 가고자 하는 방향으로 나아가야 한다.

"오랜 시간 정성들이고 기대하던 모든 것이 무너지고 나에게 남은 것이 아무것도 없다는 허탈감과 다급함이 나를 엄습하는 때, 분노와 슬픔 속에서 서늘함을 느끼는 때, 그래서 결국 고독 속으로 홀로 침잠해야만 하는 때가 도래하면 우리는 내면의 목소리를 뚜렷하게 듣게 된다."

지금이 바로 그때다. 내면의 소리가 가슴을 치며 아무런 의욕도 들지 않을 때, 오로지 내가 하고자 하는 일에 집중할 수 있다.

"지금, 나는 나에게 무엇을 해야 한다고 말하고 있는가."

안개 속 길처럼 희뿌예서 정확히 보이지는 않아도 내 내면의 소리를 들으며 천천히 나아가다 보면 내가 원하는 길에 도착할 수 있다. 지금 당장 뚜렷한 길이 보이지 않는다고 해서 도전하지도 않는다면 아무것도 시작할 수가 없다.

내면의 소리를 따라가다 보면 죽음의 문턱까지 깊게 내려간다. 죽음의 문 앞에서 난 무엇을 원하는가만 오로지 생각하고 또 생각하게 된다.

평소 묵상과 명상을 하고 싶었던 이유도 내면의 소리를 듣고 싶었기 때문이다. 남들과 크게 다르지 않게 살려고 했다. 그러나 불쑥 찾아드는 그런 생각들을 따라가다 보면 어느새 내가 원하는 일을 하려고 준비하고 있었다.

그 생각의 실체가 무엇인지 낱낱이 파악하기 위해 수많은 시간을 보냈다. 그 과정에서 죽음을 생각하지 않을 수 없었다. 죽음 앞에서 내 인생을 '후회 없이 잘 살았다' 당당히 대답할 수 있을까.

바닥 저 끝까지 깊은 곳으로 내려가 생각하다 보면, 정말 내가 원하는 일을 하며 사는 것이 맞다 생각한다.

그래야 내 마음이 편하고 행복하니까. 그래야 나를 보는 시선도 행복을 느끼니까.

정말 힘들고 쉽지 않은 결정을 내리고 나니, 앞으로 해야 할 일이 생각났다. 지금과 같은 길을 다시 걷지 않고 이제는 내가 하고 싶은 일을 해야겠다는 생각이 들었다.

나중에 지금 시작했던 일마저 후회하면 어떡하나 라는 걱정도 들지만 내가 원하는 일인지 아닌지에 따라 내 정성과 노력도 달라지므로 새롭게 도전하기로 했다.

내 안에 집중하자.

- 2019. 4. 24. 블로그 중에서···

또다시 새벽,
내 꿈을 그리다

퇴사하고 시간이 꽤 흘렀다. 이미 예상한 대로 한동안 심리적으로 가장 힘든 시기를 보냈다. 매일 출근하며 규칙적인 생활을 하다 갑자기 널널해진 시간 때문에 마음을 가다듬을 필요가 있었다. 자칫 나태해질 수도 있기 때문이었다.

다행히 이 글을 쓰는 시간들로 인해 그 감정들을 승화할 수 있었고 그래서 감사하다. 생각지도 않았는데 덕분에 독자와 소통할 계기가 주어져 비가 오나 해가 내리쬐나 묵묵히 글을 써내려갔다. 그런 시간 덕분에 내 꿈을 새롭게 그리게 되는 행복을 느끼는 중이다.

학교 공부 대신 실무를 잠깐 배우면서 떨리기도 하고 신기하기도 했다. 그 시간을 통해 앞으로의 계획도 다시 세울 수 있었다. 중단기 로드맵을 그려봄으로써 대략적인 윤곽을 잡아놓았다. 그 사이사이 어떤 일이 생길지 지금은 예측할 수 없지만 큰 테두리 안에 한 발씩 들여놓으면 될 것이다.

다짐에 따른 처음 시작은 늘 열정이 넘치지만 잘 조절해 끝까지 완주할 수 있도록 유지해야 한다. 이것이 새로운 시작을 하는데 중요한 마음가짐이며 관건이다. 조바심과 서두름은 모든 일을 그르치기 때문이다.

내가 최근까지 고민하면서 많은 시간을 공들였던 부분은 바로 '내 재능을 연계하는 방법'이었다. 정통법으로 나아가자니 현실적으로 어려움이 따랐다. 생각만 해도 이미 경쟁력에서 밑지는 장사였기에 불가능했다. 그렇다면 둘러서 그 일을 실행할 방법은 정말 없는 걸까?

그때부터 다이어리에 수없이 메모하고 생각을 고쳐나갔다. 어떻게 하면 좋을지 많은 고민을 했다. 그러다 내 꿈을 더욱 구체화하면 어떨까란 생각이 들었다. 그것이 바로 악기 수리 과정으로써 내 재능과 꿈을 통합해 실현하는 방법이었다. 직업에만 국한된 것이 아니라 삶의 전반적 영역에까지 확대시킬 수 있도록 이리저리 머리를 굴렸다. 그것들을 내 블로그에 일부 반영해 관리하는 중이다.

이러한 일들을 회사를 퇴직하기 전에 미리 준비할 수도 있지 않았을까. 물론 직장생활과 병행해서 준비할 수 있었으면 나야말로 대찬성이었을 것이다. 힘들어도 시간을 쪼개어 기필코 해냈을 테니 말이다.

그러나 앞서 언급했듯 시간이 되면 돈이 안 되고 돈이 되면 시간이 안 되는 나였다. 돈을 벌 때 내가 원하는 다른 것도 함께할 수 있으면 좋으련만 시간이 맞지 않았다. 학교 공부를 해도 평일 시간을 비워둬야 하는데 직장생활에서 매주 휴가를 낼 수도 없는 노릇이었다.

또 다른 이유는 바로 두려움이었다. 오랫동안 직장생활을 하다가 막상 다른 일을 시작하려니 잘될 수 있을지 알 수 없는 불안감에 휩싸였다. 도전은 젊을 때 하라지만 그 범위는 나이를 먹을수록 좁아지는 것 같았다.

두려움은 실행을 방해하는 것 중 가장 큰 문제다. 대체로 실패할까봐 걱정하는 일이 대부분인데 그렇다고 포기할 수만은 없지 않은가. 어떻게 하면 그 일로 먹고 살 수 있을지 대안을 생각해 봐야지 무조건 겁만 낼 수는 없는 일이었다.

니체의 말에 의하면, 공포심의 정체는 자신의 마음 상태가 어떠한가에 달려있다고 한다. 두려움과 불안감 또한 내면 상태가 빚어낸 만들어낸 감정이다. 실체는 없지만 사람의 목숨을 좌우하는 강력한 존재다. 내가 만들어낸 감정이니 그것 또한 내가 스스로 약하게 만들거나 사라지게 만들 수 있다고 생각한다. 내 마음을 굳건히 하고 실패해도 받아들일 각오로 당당히 나선다면 생각보다 일이 잘 풀릴 수도 있다.

여러 가지 상황으로 내 꿈을 포기할까도 생각했다. 그러나 지금이 아니면 기회를 아예 놓쳐버릴 것 같아서 지금 이루기로 했다. 기회는 매번 주어지는 게 아닌 만큼 결정적인 순간에 포기하지 않음을 감사하게 생각한다. 현실을 생각하면 꿈은 아무것도 아닌 것처럼 보이지만 결코 잊어서는 안 되는 중요한 존재다. 그것은 내 삶의 방향을 바꾸기도 하며 내 행동을 결정 짓기도 한다.

나는 지금 또다시 내 꿈을 준비하고 있다. 한동안 방황하며 넋 놓고 있었지만 미음을 다잡고 다시 시작했다. 예정된 것은 없지만 지금 이렇게 준비하고 앞으로를 기다리는 순간이 얼마나 감사한지 모른다. 불안한 마음이 드는 것은 어쩔 수 없는 일이지만 최선의 선택을 했다고 생각한다.

어느 날 새벽에는 갑자기 '나는 성공할 것 같다'라는 생각이 떠올랐다. 뜬금없는 생각일 수도 있지만 잠에서 깨어 책상 앞에 앉아 곰곰이 생각하고 있자니 이 순간이 더없이 기뻤다. 내 인생은 한 번뿐이고 마음이 계속 끌리는 이유는 끌리는 방향이 내 방향이라는 뜻이기도 할 터이다. 그 순간에 온통 초점을 맞추니 정말 그런 생각이 들었던 것 같다.

내면의 나를 바라보기 위해 지난 시간처럼 진지하고 심오하게 고민해 봤던 때가 또 있었을까. 나처럼 또 다른 시작을 준비하는 당신이라면, 내 감정을 당신과 흠뻑 공유하고 싶다. 그래서 당신이 조금이라도 힘을 얻고 위로를 받는다면 더없이 뿌듯하고 감사할 것이다.

<내 인생을 바꾼 상상의 힘>

상상이란 무엇일까.
허황과는 다른 것임이 분명하다.
흔히 알고 있는 평범한 상상,
즉 바라는 것에서 끝나는 게 아닌 결과의 입장에서 바라보는
일이다.
상상의 힘을 알기 전에는 그저 '~되면 좋겠다' 는 식의 바람을
가졌었다.
그러나 이제는 '이미 이루어졌다'에 초점을 맞추어야 한다는
것을 안다.

오랫동안 직장생활을 하면서도 내 꿈을 늘 생각했었다.
무대에서 플루트를 멋지게 연주하는 내 모습을 상상했다.
자연스럽고 멋지게 울려 퍼지는 연주소리에 관객들은 박수로
응답하는 뿌듯한 장면을 머릿속으로 그리며 연습하고 상상했다.
악기 수리과정을 배우고 싶다는 생각을 한 이후로는, 악기 부속품
하나하나 매만지고 챙기며 뿌듯해하는 내 모습을 제3자의 눈으로
바라보았다.

이렇게 현실에서 아직 이루어지지 않은 모습을 마치 이룬 것처럼 상상하며 뿌듯함을 느끼고 신나했다.

책에서는 말한다. 그것이 어떻게 이루어질지 그 과정을 생각하지 말라고.

마치 내가 불을 켜고 싶을 때 불이 들어온 순간에 만족하는 것처럼 말이다.

내가 원하는 것이 무엇이고 하고 싶은 일이 무엇인지 찾았기에 이제는 그 꿈을 만들어갈 방법을 찾아 움직이기만 하면 된다.

그렇기에 그 일이 현실 세계에서 실제로 일어나도록, 이제는 더 이상 불안해하거나 걱정하지 말고 이미 일어났다고 상상해 보려 한다.

매주 미사 시간에 기도를 드리지만 내면적으로 평안하고 기쁘기 위해서는 상상의 힘을 당장 이용해야겠다는 생각이 들었다.

단순히 하루 이틀로 끝나지 않고 사실로 굳어질 때까지 지속해야 하기 때문이다.

하지만 이 과정이 생각보다 쉽지는 않다.

한때 긍정의식으로 가득 찼다가 준비했던 일이 도루묵이 되는 바람에 절망에 빠지고 부정적으로 변해간 적이 있다.

그러나 이제는 나를 힘들게 하는 것을 한 꺼풀 벗겨냈으므로 긍정 의식을 장착해 새롭게 도전해야 할 때다.

아, 이렇게 마음을 다잡기까지 6개월이라는 시간이 흘렀다.

1. 학교 수업을 받으면서도 생활비를 충분히 벌 수 있어 감사합니다.

2. 학교 장학금을 받아 경제적 보탬이 되어 감사합니다.

3. 사랑하는 사람과 결혼해 행복하여 감사합니다.

4. 두 번째 책이 독자들에게 많은 울림을 주어 감사합니다.

5. 하고 싶은 일을 하면서도 돈을 벌 수 있어 감사합니다.

- 2019. 5. 9. 블로그 중에서...

인생이라는
긴 여정에서 필요한 것

"항상 행복한 일만 가득할 것이다.
매 순간 감사하자.
1분 1초, 지금 이 순간을…."
2018. 3. 27.

지난 5월 어느날 '어쩌면 인생은 일부러라도 예측하지 않고 그 순간에 기대어 나아가보는 것. 그것이 주는 떨림과 흥분을 오롯이 느껴보는 것'이란 생각이 들었다. 인생이 예측 가능하다면 누구나 미리 준비하고 대비할 수 있을 것이다. 그러나 늘 불안정하고 변동의 폭이 큰 게 우리 삶이다.

인생이라고 논하기에 다소 짧은 내 삶을 돌이켜보면 안달복
달한다고 잘 풀리는 것도 아닌 시간이었다. 그러나 제대로 살
기 위해 주체적인 노력을 하지 않는다면 되는 대로 흘러가버
리는 것도 인생이었다.

어느 누가 헛되이 시간을 보내고 싶겠는가. 한 번뿐인 삶을
더 잘살기 위해 다들 아등바등하고 나 또한 그랬다. 어렸을 때
는 해야 할 일들을 따라가기에 급급했다. 그러나 나이가 한 살
씩 들면서 이렇게 살아봐야겠다는 자기성찰의 시간을 갖게 되
었다. 알찬 인생을 살고 싶었다.

여훈 저자의 책『인생을 여행할 때 챙겨야 할 것들』에는 다
음과 같이 목표가 언급된다.

'어쩌면 인생에서 정말 슬픈 일은 목표를 달성하는 데 실패
하는 것이 아니라, 바라볼 목표가 없는 것이다.'

목표의 중요성을 일깨워주는 말이다. 목표를 세우고 그것을
달성하기 위한 그동안의 나의 노력은 누구 못지않았다. 다만
중간 과정에서 그만둔 적이 몇 번 있는데 그것을 제3자가 보기
에 완전한 실패라고 생각했을 수도 있다. 하지만 그 일은 내게
실패가 아니었다. 앞을 향해 치고 나아가기 위한 과정이었다.

지금 또한 실패가 아닌 일보 후퇴다. 퇴사 후 비록 돈은 없지만 다른 일을 찾아 할 수 있는 가능성은 충분히 열려있다. 오히려 기회가 더 많아져 감사하게 생각한다.

진정한 삶의 변화를 원한다면 집단과 타인들 속에 자신을 묻지 말고 그 속에서 홀연히 나와야 한다고 생각한다. 나는 그러한 삶을 선택했고 후회는 없다. 물론 앞으로도 그럴 것이다.

당신의 인생에서 가장 중요하게 챙기고 있는 것은 무엇인가? 나는 '삶의 목표'다. 목표를 가져야 속도도 방향도 생길 수 있다. 하지만 한때는 좌절감과 우울함으로 내가 가진 모든 것이 허무하게 느껴질 때도 있었다. 그것 또한 목표의 부재와 기대감의 상실에 기인한 것이었다. 그럼에도 느꼈다, 인생은 살 만한 것이고 그래서 반드시 살아야 한다고 말이다.

'자신을 다독이고 성찰하면서 나에게 집중하는 것.' 자신과의 싸움과 타협. 이것이 내가 목표를 설정할 수 있게 만들었다. 각자의 삶에서 중요한 부분은 모두 다르겠지만 근본적인 공통 연결고리는 자신(自信)이다. 이처럼 자신을 믿고 목표를 향해 인생이라는 바다에서 노를 젓고 나아가야 한다.

누군가에게 삶의 목표가 무엇인가를 묻는다면 듣는 사람 입장에서는 황당한 질문으로 받아들일 수도 있을 것이다. 그만큼 범위가 넓기도 하지만 무엇보다도 구체적으로 생각해 본 적이 별로 없어서일 것이다. 당신에게는 어떠한가?

내가 마음을 다잡든 그렇지 않든, 시간은 늘 흐르고 있다. 얼마만큼 시간을 알아차리고 그 속에 내 생각과 마음을 온전히 기울이냐에 따라 인생은 행복한 여정이 될 수도, 아닐 수도 있다. 그래서 삶의 목표가 주는 의미는 클 수밖에 없는데 행복이라는 고차원적 개념으로 승화되기 때문이다.

철학자 루트비히 비트겐슈타인의 책 『비트겐슈타인의 인생 노트』에는 행복과 철학의 관계가 나온다.

"행복하지 않다면 철학은 과연 무슨 소용일 것인가."

진심으로 행복하지 않다면 나의 모든 재능이 무슨 소용이란 말인가? 내 삶의 중요한 문제를 해결할 수 없는데 철학적 문제를 푸는 일이 무슨 도움이 된다는 말인가?

나는 이렇게 말하고 싶다.

"자신의 한계를 단정 짓지 마라. 긴 인생, 아직은 이르다. 더 많이 배울 수 있고 마음만 먹으면 길은 있다."

그렇다, 지금까지의 인생은 이러했으나 앞으로의 인생은 또 어떨지 기대가 된다. 30년 남짓 살았을 때의 인생과, 그의 배가 넘는 시간을 살았을 때의 인생은 분명 다를 것이다.

어느 순간에는 내 인생에도 종착 지점이 다가올 것이다. 그때는 지금까지 나를 지배하던 고민들도 한 순간의 추억이 되어있을 것이다. 뒤돌아보았을 때 잘살았느냐 못살았느냐의 문제가 아니다. 내 자신이 얼마만큼 내 삶에 깊이 관여했느냐의 문제다. 누군가가 나를 판단하고 내 미래를 결정지으려 해도 거기에 나를 맡기지 말자. 나는 내가 살아야 하기 때문이다.

가능한 한 행복하게 살아야 한다. 그러기 위해서는 현재를 온몸으로 즐기고 마음껏 웃어야 한다. 이것은 내가 해결해야 할 가장 시급한 문제이기도 했다. 어차피 인생은 아무도 모르는 일이 펼쳐진다. 앞이 보이지 않는다고 두려워 말고 예측할 수 없다고 걱정하지도 말아야 한다. 닥쳐서 고민하고 생각하면 된다. 그리고 거침없이 나아가야 한다.

인생을 무겁게 살 필요도 없다. 무겁게 생각하면 그 정도가 더 심해지는 법이다. 마이너스 상황도 플러스 상황으로 끌어당기려 생각하고 노력해야 한다. 나 역시 이걸 깨닫기까지 꽤 오랜 시간이 걸렸다.

당신의 인생은 당신 것이기에 당신의 인생을 아낌없이 여행했으면 좋겠다. 그리고 당신의 방식대로 즐겁게 살아야 한다. 그 안에서 의미를 찾고 현재를 힘차게 살아가야 한다. 이 모든 것이 인생의 여정에서 필요한 것들이기 때문이다.

<내 인생은 나의 것>

정체를 알 수 없는 막막함으로 나 자신과 씨름 중이다.
이 고민이 단순히 나만의 고민만이 아니기에 조금은 마음을 놓을
수 있겠다.
닥치는 대로 살지 않기 위해, 인생을 요목조목 계획하여 잘살기
위해 이런 고민을 할 수 있다는 것 자체가 행운일지도 모른다.

열심히 살아왔기에 오늘 죽어도 여한이 없다고 생각했다.
그러나 정말 후회가 없을 정도로 내가 하고 싶은 일을 다 했는가
라는 질문 앞에서는
아직도 고민 중이다.

지금 나는 나를 바꿔야 할 때라고 느끼고 있고, 그러기 위해서는
강력한 내면의 힘이 필요하다.
또한 남의 시선에 얽매이지 않고 내 자신에게 떳떳할 수 있도록
좋아하는 일을 하면서 기쁘게 살고 싶다.

- 2019. 1. 27. 블로그 중에서···.